Kathrin Decker '07

Dagmar Fronius-Gaier

DAS LANDFRAUEN Backbuch

Köstliche Rezepte nach
alter Tradition

GONDROM

Konzept und Producing und Koordination: twinbooks, München
Redaktion: twinbooks, München (Carolin Fischer)
Covergestaltung: HildenDesign, München
Umschlagfoto: Zimt, Apfel und Holzpalette: © lab 2000/München
und Eigenarchiv HildenDesign

002

ISBN 3-8112-2535-9

5 4 3 2

Inhalt

Vorwort

Backen wie auf dem Lande, mit frischen Zutaten. Je frischer die Zutaten, desto besser schmecken die selbst gebackenen Torten, Kuchen, Strudel und Plätzchen. Als Einkaufsquellen eignen sich der Kaufmann um die Ecke beziehungsweise der nächste gut sortierte Supermarkt. Hier bekommt man Mehl, Zucker, Gewürze, Butter, frische Hefe und Milchprodukte, häufig auch in »Bio-Qualität«. Am Wochenmarkt gibt es frische Eier, Früchte und Beeren nach Saison, teilweise auch Milchprodukte und Honig und im Herbst frische Walnüsse. Bioladen oder Reformhaus bieten spezielle Süßmittel wie Ahornsirup oder braunen Zucker sowie vielfältige Backmehle für Vollkorngebäck und -brote.

Die Backrezepte des Buches sind entsprechend dem Kreislauf der Jahreszeiten gegliedert, denn bei Obstkuchen und -torten erzielt man die beste Qualität mit frischen Zutaten der Saison. Sind Früchte und Beeren bei optimaler Reife geerntet, ist das Aroma am intensivsten und kurze Transport- und Lagerzeiten ermöglichen höchstmögliche Frische und Qualität der Inhaltsstoffe. Der Bezug zur Jahreszeit stellt auch eine Verbindung zu den traditionellen Festtagen im Jahreslauf her. Daher finden Sie neben »Alltagsrezepten« auch zahlreiche Festtagsrezepte wie Faschingskrapfen, Osterbrot und Christstollen. Und damit nicht nur »süße Naschkatzen« zu ihrem Genuss kommen, ergänzen pikantes Gebäck und Brötchen jedes Kapitel.

Die Zutaten für jedes Rezept sind in der Reihenfolge ihrer Verwendung angegeben und die Rezeptzubereitung kann Schritt für Schritt erfolgen. Für viele Rezepte wird der Backofen vorgeheizt. Die meisten Öfen benötigen dazu 10–15 Minuten. Umluftherde werden in der Regel nicht vorgeheizt. Eine Ausnahme bilden kurze Backzeiten bis 20 Minuten und Temperaturen über 200 Grad. Die Temperatur von Gasherden variiert stark, deshalb entnimmt man die entsprechende Backtemperatur am besten der Gebrauchsanweisung des jeweiligen Herdes.

Frühling

Rhabarberkuchen mit Vanilleguss

(für 1 Springform, 26 cm Ø)

Für den Belag:

1 kg Rhabarber
40 g Zucker
1 Päckchen Vanillinzucker

Für den Teig:

100 g Butter
80 g Zucker
1 Ei
2 EL Weißwein
250 g Mehl
2 TL Backpulver

Für den Guss:

125 g saure Sahne
4 EL Crème fraîche
2 Eier
½ Vanilleschote
50 g Zucker
Fett für die Form
Puderzucker zum Bestäuben

1. Rhabarber abziehen, waschen, abtropfen und in 3 Zentimeter lange Stücke schneiden. In einer Schüssel mit Zucker und Vanillinzucker bestreuen und abgedeckt 1 Stunde ziehen lassen.

2. Inzwischen für den Teig weiche Butter mit Zucker schaumig rühren, Ei und Weißwein unterrühren. Mehl mit Backpulver mischen, darüber sieben und unterrühren. Teig kurz verkneten und zugedeckt 30 Minuten kühl stellen. Backofen auf 180 Grad vorheizen.

3. Eine Springform einfetten. Teig ausrollen und Springform damit belegen, einen 3 Zentimeter hohen Rand formen. Rhabarber abtropfen lassen (Saft auffangen und anderweitig verwenden) und auf dem Teig verteilen. Kuchen im heißen Ofen 40 Minuten backen.

4. Saure Sahne mit Crème fraîche und Eiern in einer Schüssel verquirlen. Vanilleschote längs aufschneiden, das Mark heraus schaben und mit dem Zucker unter die Eiercreme rühren.

5. Kuchen aus dem Rohr nehmen, Guss darauf verteilen und Kuchen weitere 25 Minuten backen. Auf einem Kuchengitter auskühlen lassen. Mit Puderzucker bestäubt servieren.

Mein Tipp:

Erdbeer-Makronen-Kuchen

1. Ei trennen. Mehl, 1 Esslöffel Zucker, Eigelb, Butter in Flocken, Salz und Vanillinzucker zu einem Mürbeteig verkneten. Abgedeckt 30 Minuten kühl stellen.

2. Eine Springform einfetten. Den Teig ausrollen, die Form damit auslegen und einen schmalen Rand hochdrücken. In den kalten Ofen schieben und bei 200 Grad 20–25 Minuten backen.

3. Inzwischen Eiweiß sehr steif schlagen, 100 Gramm Zucker und Mandeln unterziehen. Teig aus dem Ofen nehmen und etwa 5 Minuten abkühlen lassen, Makronenmasse darauf verteilen. Kuchen bei 180 Grad noch 20–25 Minuten backen. In der Form abkühlen lassen.

4. Erdbeeren putzen, waschen und trockentupfen. 12 Früchte beiseite legen, restliche halbieren. Sahne steif schlagen, mit Ahornsirup abschmecken.

5. Kuchen vorsichtig aus der Form lösen. Mit einer dünnen Sahneschicht bestreichen, Erdbeerhälften darauf verteilen. Mit restlicher Sahne garnieren. Die 12 Erdbeeren am Kuchenrand verteilen. Kuchen möglichst frisch servieren.

Mein Tipp:

(für 1 Springform, 26 cm Ø)

1 Ei
125 g Mehl
120 g Zucker
80 g Butter
1 Prise Salz
1 Päckchen Vanillinzucker
Fett für die Form
100 g gemahlene Mandeln
500 g Erdbeeren
200 ml Sahne
2 EL Ahornsirup

Erdbeer-Biskuitrolle

(für 8–10 Stück)

4 Eier
125 g Zucker
2 Päckchen Vanillinzucker
1 Prise Salz
75 g Mehl
75 g Speisestärke
1 TL Backpulver
250 g Erdbeeren
220 g Erdbeerkonfitüre
250 g Mascarpone
50 g Puderzucker
2 EL Rum
300 ml Sahne
2 Blatt weiße Gelatine
3 EL Milch
Zucker zum Bestreuen

1. Den Backofen auf 180 Grad vorheizen. Eier trennen, Eigelbe mit Zucker und 1 Päckchen Vanillinzucker schaumig rühren. Eiweiße mit Salz sehr steif schlagen, auf die Eigelbcreme häufen. Mehl mit Speisestärke und Backpulver mischen, darüber sieben und mit dem Eischnee vorsichtig unter die Creme ziehen.

2. Ein Backblech mit Backpapier auslegen, Teig darauf streichen und im heißen Ofen 12 Minuten backen. Ein sauberes Küchentuch ausbreiten, mit Zucker bestreuen, Biskuitplatte darauf stürzen, Backpapier abziehen und Biskuit sofort mit dem Tuch zu einer Rolle aufrollen.

3. Erdbeeren waschen, trockentupfen und putzen. Die halbe Menge Erdbeeren fein zerkleinern, mit Konfitüre verrühren und die Mischung 2 Minuten köcheln lassen.

4. Mascarpone mit Puderzucker, übrigem Vanillinzucker, Rum und 2 Esslöffel Sahne verrühren. Gelatine in 2 Esslöffel Milch und 2 Esslöffel Sahne nach Packungsvorschrift einweichen, vorsichtig erwärmen und auflösen. Unter die Mascarponecreme rühren. Restliche Sahne steif schlagen, ⅔ unter die Creme heben. Restliche Erdbeeren vierteln.

5. Biskuit auseinander rollen, mit der Hälfte der Erdbeermasse bestreichen. Mascarponecreme darauf verstreichen, Erdbeerviertel darauf verteilen. Biskuit mit Hilfe des Tuchs wieder aufrollen. Rolle mit restlicher Erdbeermasse und Sahne bestreichen. 30 Minuten abgedeckt kühl stellen. Frisch servieren.

Mein Tipp:

Obst-Streusel-Kuchen

1. Mehl in eine Schüssel sieben, in die Mitte eine Mulde drücken, Hefe hineinbröckeln. Hefe mit etwas Zucker, Mehl und Milch zu einem Vorteig verrühren. Abgedeckt 15 Minuten an einem warmen Ort gehen lassen.

2. Restlichen Zucker, zerlassene Butter, Ei, Salz und Zitronenschale zugeben und alles zu einem Hefeteig abschlagen, bis der Teig Blasen wirft. Teig abgedeckt an einem warmen Ort 15 Minuten gehen lassen.

3. Inzwischen ein Blech einfetten. Obst je nach Sorte putzen, waschen und zerkleinern.

4. Teig kurz durchkneten, ausrollen und das Blech damit auslegen. Den Teig dicht mit Obst belegen. Backofen auf 210 Grad vorheizen.

5. Für die Streusel Mehl in eine Schüssel sieben, mit Zucker, Vanillinzucker und zerlassener Butter zu Streuseln zerreiben, auf dem Obst verteilen.

6. Kuchen im heißen Ofen 25–30 Minuten backen. Auf dem Blech etwas abkühlen lassen. In Stücke schneiden und auf einem Kuchengitter auskühlen lassen.

Mein Tipp:

(für ein Backblech)

250 g Mehl
15 g frische Hefe
25 g Zucker
⅛ l lauwarme Milch
30 g Butter
1 Ei
1 Prise Salz
1 TL abgeriebene unbehandelte Zitronenschale
1 kg Obst (etwa Äpfel, Aprikosen, Stachelbeeren, Johannisbeeren, Zwetschgen)

Für die Streusel:

350 g Mehl
200 g Zucker
1 Päckchen Vanillinzucker
200 g Butter
Fett für das Blech

Rüblikuchen

X

(für 1 Springform, 26 cm Ø)

- 250 g junge Möhren
- abgeriebene Schale von 1 unbehandelten Orange
- 250 g fein gemahlene Haselnüsse
- 6 Eier
- 200 g Zucker
- 2 EL Orangensaft
- 1 Prise Salz
- 2 EL Speisestärke
- 1 TL Backpulver
- Butter und Paniermehl für die Form
- Puderzucker zum Bestäuben

1. Möhren schälen und fein raspeln. Möhren, Orangenschale und Haselnüsse mischen. Den Backofen auf 180 Grad vorheizen.

2. Eier trennen. Eigelbe mit Zucker schaumig rühren, bis sich der Zucker völlig aufgelöst hat. Orangensaft unterrühren. Eiweiße mit Salz sehr steif schlagen.

3. Speisestärke mit Backpulver mischen, mit Möhren-Nuss-Mischung und Eischnee unter die Eigelbcreme ziehen.

4. Eine Springform einfetten, mit Paniermehl ausstreuen und Teig einfüllen. Im vorgeheizten Ofen 40–45 Minuten backen. Auf einem Kuchengitter auskühlen lassen. Dick mit Puderzucker besieben.

Mein Tipp:

Blitz-Quarktaschen

(für 10 Stück)

- 450 g Blätterteig (tiefgekühlt)
- 1 Ei
- 500 g Quark (20 % Fett)
- 100 g Zucker
- 1 Päckchen Vanillinzucker
- 30 g Speisestärke
- 50 g Rosinen
- abgeriebene Schale von 1 unbehandelten Zitrone
- Puderzucker zum Bestäuben

1. Blätterteig in 10 Quadrate teilen und nach Packungsvorschrift auftauen lassen.

2. Den Backofen auf 200 Grad vorheizen. Ei trennen, die Teigränder mit Eiweiß bestreichen. Quark mit Zucker, Vanillinzucker, Eigelb, Speisestärke, Rosinen und Zitronenschale verrühren.

3. Je 1 Esslöffel Quarkmischung auf die Blätterteigscheiben geben und diese über Eck zusammenklappen. Teigränder andrücken und mit einem Messer in je 1 Zentimeter Abstand mehrmals einschneiden.

4. Teigtaschen auf zwei mit Backpapier ausgelegte Bleche legen und im vorgeheizten Ofen 20–25 Minuten backen. Auf einem Kuchengitter abkühlen lassen, dick mit Puderzucker bestäuben und frisch servieren.

Mein Tipp:

Quark-Rosinen-Krapfen

1. Butter mit Zucker schaumig rühren. Mehl mit Backpulver und Zitronenschale mischen.

2. Eier, Quark und Mehl nacheinander unter die Schaummasse rühren. Rumrosinen zugeben und Teig kräftig durchkneten.

3. Butterschmalz in der Fritteuse oder einem hohen Topf auf 180 Grad (Küchenthermometer) erhitzen. Mit einem feuchten Esslöffel von dem Teig kleine Krapfen abstechen und im heißen Fett schwimmend zu goldgelber Farbe ausbacken, dabei einmal wenden.

4. Krapfen auf Küchenpapier entfetten. Gemahlene Nüsse mit Zucker und Vanillinzucker in einem tiefen Teller mischen und heiße Krapfen sofort darin wenden. Frisch servieren.

Einen Teelöffel Essig zum Frittierfett geben, dann nimmt das Frittiergut weniger Fett auf.

Mein Tipp:

(für etwa 20 Stück)

50 g Butter

50 Zucker

etwa 125 g Mehl

¼ Päckchen Backpulver

abgeriebene Schale von 1 unbehandelten Zitrone

2 Eier

250 g trockener Magerquark

50 g Rumrosinen

1 kg Butterschmalz zum Frittieren

150 g gemahlene Haselnüsse

50 g Zucker

1 Päckchen Vanillinzucker

Kartoffel-Nuss-Schnitten

(für 1 Backblech)

- **2 Eier**
- **200 g Zucker**
- **1 Päckchen Vanillinzucker**
- **2 Tropfen Zitronen-Back-aroma**
- **1 TL abgeriebene unbehandelte Zitronenschale**
- **100 g gekochte geriebene (festkochende) Kartoffeln**
- **100 g gemahlene Haselnüsse (oder Walnüsse)**
- **80 g Mehl**
- **1 Päckchen Backpulver**
- **250 Puderzucker**
- **Saft von ½ Zitrone**
- **etwa 2 EL Rum**
- **Fett für das Blech**

1. Den Backofen auf 180 Grad vorheizen. Eier, Zucker, Vanillinzucker, Zitronenaroma und -schale schaumig rühren. Kartoffeln und Nüsse unterziehen, Mehl mit Backpulver darüber sieben und kurz unterrühren.

2. Ein Backblech gut einfetten, Teig gleichmäßig etwa 1 Zentimeter dick darauf streichen. Im heißen Ofen 40–45 Minuten backen. Am Blech abkühlen lassen, in Rechtecke teilen und auf einem Kuchengitter auskühlen lassen.

3. Für die Glasur Puderzucker mit Zitronensaft und Rum zu einer glatten Masse rühren. Erkalteten Kuchen damit glasieren. Zuckerguss trocknen lassen.

Mein Tipp:

Sahne-Windbeutel

(für etwa 15 Stück)

- **60 g Butter**
- **1 Prise Salz**
- **abgeriebene Schale von ½ unbehandelten Zitrone**
- **200 g Mehl**
- **4 Eier**
- **½ l Sahne**
- **50 g Zucker**
- **1 Päckchen Vanillinzucker**
- **Puderzucker zum Besieben**

1. ¼ Liter Wasser mit Butter, Salz und Zitronenschale zum Kochen bringen. Mehl sieben und auf einmal zuschütten. So lange kräftig rühren, bis der Teig einen Kloß bildet und sich vom Topfboden löst.

2. Teig in eine Schüssel geben, etwas abkühlen lassen, Eier einzeln unterrühren. Backofen auf 230 Grad vorheizen. Mit einem Spritzbeutel auf ein Blech mit genügend Abstand kleine Windbeutel spritzen. Im heißen Ofen 15–20 Minuten backen. Backofen während der ersten 10 Minuten Backzeit nicht öffnen!

3. Windbeutel vom Blech nehmen, noch warm quer halbieren und auf einem Kuchengitter auskühlen lassen. Sahne mit Zucker und Vanillinzucker steif schlagen. Untere Windbeutelhälften damit füllen, Deckel aufsetzen und Windbeutel dick mit Puderzucker besieben. Frisch servieren.

Mein Tipp:

Zitronenschnitten

1. Blätterteig nach Packungsvorschrift auftauen lassen. Backofen auf 220 Grad vorheizen.

2. Teig in 10 Quadrate teilen, diese nochmals halbieren, mit Eiweiß bestreichen und mit Hagelzucker bestreuen.

3. Zwei Bleche mit Backpapier auslegen, Teigstücke darauf setzen und im heißen Ofen etwa 15 Minuten backen. Aus dem Ofen nehmen, waagerecht durchschneiden und auf einem Kuchengitter auskühlen lassen.

4. Für die Füllung Wein mit Zucker unter Rühren erhitzen, bis sich der Zucker aufgelöst hat. Gelatine nach Packungsvorschrift einweichen, ausdrücken und im heißen Wein auflösen. Zitrone waschen, trocknen und etwas Schale fein abreiben, Saft auspressen. Beides unter den Wein rühren. Etwas abkühlen lassen und Joghurt unterrühren; kalt stellen.

5. Beginnt die Masse zu gelieren, Sahne steif schlagen und unterziehen. Nochmals kühl stellen.

6. Untere Blätterteigscheiben mit Zitronencreme füllen, Teigdeckel darauf setzen und dick mit Puderzucker besieben.

Mein Tipp:

(für 20 Schnitten)

- **450 g Blätterteig (tiefgekühlt)**
- **1 Eiweiß**
- **3 EL Hagelzucker**
- **⅛ Liter trockener Weißwein**
- **80 g Zucker**
- **4 Blatt weiße Gelatine**
- **2 unbehandelte Zitronen**
- **100 g Joghurt**
- **¼ Liter Sahne**
- **Puderzucker zum Besieben**

Hefeschnecken

x

(für etwa 25 Stück)

Für den Teig:

- 500 g Mehl
- 30 g frische Hefe
- 100 g Zucker
- gut ⅛ l lauwarme Milch
- 120 g Butter
- 1 Prise Salz
- 2 Eier
- Mehl für die Arbeitsfläche
- Fett für das Blech

Für den Belag:

- je 50 g gehackte Mandeln, Zitronat, Sultaninen und Korinthen
- abgeriebene Schale von 1 unbehandelten Zitrone
- 30 g Zucker
- 40 g Butter

Für den Guss:

- 150 g Puderzucker
- 4 ½ EL Zitronensaft

1. Mehl in eine Schüssel sieben. In die Mitte eine Vertiefung drücken. Hefe hineinbröckeln. 1 Teelöffel Zucker darüber streuen. Mit etwas Milch und Mehl zu einem Vorteig rühren und abgedeckt an einem warmen Ort 15 Minuten gehen lassen.

2. Restlichen Zucker, weiche Butter in Stückchen, Salz, Eier und restliche Milch zugeben und alles so lange zu einem Teig abschlagen, bis dieser Blasen wirft und sich vom Boden löst. Abgedeckt an einem warmen Ort etwa 20 Minuten gehen lassen.

3. Teig kurz durchkneten und auf bemehlter Arbeitsfläche zu einem ½ Zentimeter dicken Rechteck ausrollen.

4. Mandeln, Zitronat, Sultaninen, Korinthen und abgeriebene Zitronenschale mischen und auf dem Teig verteilen. Mit Zucker bestreuen und mit Butterflöckchen belegen. Teig zusammenrollen und mit einem scharfen Messer in etwa 1 Zentimeter dicke Scheiben schneiden.

5. Auf zwei gefettete Bleche setzen und etwa 10 Minuten gehen lassen. Inzwischen den Backofen auf 200 Grad vorheizen.

6. Schnecken im heißen Ofen etwa 20 Minuten backen, auf einem Kuchengitter auskühlen lassen.

7. Für den Guss Puderzucker mit Zitronensaft verrühren, Schnecken sofort damit glasieren, auskühlen und trocknen lassen.

Mein Tipp: Teig wie eine Brioche vorbereiten, d.h., alle Zutaten (Mehl, Hefe, Zucker, Milch + Butter (in Topf erwärmen, dann zum Mehl hinzufügen) in einem Schritt zufügen

- mehr Milch: wird saftiger!
- wird schnell braun, deswegen beobachten
- lässt sich besser schneiden, wenn vor dem Backen ein paar Std. kalt gestellt

Schokokuchen

(für 1 Rehrückenform)

- 5 Eier, 180 g Zucker
- 1 Prise Salz
- 1 Msp. Zimtpulver
- ½ Vanillestange
- abgeriebene Schale von ½ unbehandelten Zitrone
- 50 g Butter
- 90 g Blockschokolade
- 100 g Mehl
- 100 g gemahlene Mandeln
- 100 g Schokoladen-Fettglasur
- 50 g geröstete Mandelblättchen
- Fett und Paniermehl für die Form

1. Eine Rehrückenform einfetten und mit Paniermehl ausstreuen. Den Backofen auf 190 Grad vorheizen. Eier trennen, Eigelbe mit 90 Gramm Zucker, Salz und Zimt schaumig rühren. Vanilleschote längs aufschneiden, Mark heraus kratzen, Zitronenschale und Vanillemark unterrühren.

2. Butter schmelzen, wieder abkühlen lassen. Eiweiße mit restlichem Zucker steif schlagen. ¼ vom Eischnee unter die Eiercreme ziehen. Schokolade reiben, mit gesiebtem Mehl, Mandeln und geschmolzener Butter unter den Teig mengen, restlichen Eischnee unterheben.

3. Teig in die Form füllen, glatt streichen und auf unterster Schiebeleiste 40–50 Minuten backen. Kuchen auf einem Kuchengitter auskühlen lassen. Schokoladenglasur schmelzen lassen, Rehrücken damit überziehen. Mandelblättchen auf die noch weiche Glasur streuen. Glasur trocknen lassen.

Mein Tipp:

Krümelkuchen

(für 1 Springform, 26 cm Ø)

- 225 g Butter
- 200 g Zucker, 1 Ei
- abgeriebene Schale von 1 unbehandelten Zitrone
- 500 g Mehl
- 1 TL Backpulver
- 450 g Sauerkirschkonfitüre
- 75 g gemahlene gehäutete Mandeln
- Puderzucker zum Besieben
- Fett für die Form

1. Eine Springform einfetten. Den Backofen auf 200 Grad vorheizen. Weiche Butter mit Zucker schaumig rühren. Ei und Zitronenschale unterrühren. Mehl mit Backpulver sieben, ein paar Löffel unterrühren, restliches Mehl zuschütten und mit den Fingerspitzen zerkrümeln.

2. Halbe Menge Teig in die Form füllen, Konfitüre darüber streichen. Restlichen Teig mit Mandeln mischen und über die Konfitüre krümeln. Kuchen im heißen Ofen in etwa 65 Minuten goldbraun und knusprig backen. Auf einem Kuchengitter auskühlen lassen. Dick mit Puderzucker besieben.

Mein Tipp:

Feiner Gugelhupf

(für 1 Napfkuchenform)

- 1 Würfel frische Hefe (42 g)
- 2 TL Zucker
- ⅛ l lauwarme Milch
- 400 g Weizenmehl
- 100 g Dinkelmehl
- 200 g Butter
- 90 g Puderzucker
- 4 Eier
- 1 Prise Salz
- abgeriebene Schale von ½ unbehandelten Zitrone
- 75 g Rumrosinen
- 75 g gehackte gehäutete Mandeln
- Fett für die Form
- Puderzucker zum Bestäuben

1. Hefe zerbröckeln, mit Zucker, 60 Milliliter Milch und 100 Gramm Mehl verrühren, abgedeckt an einem warmen Ort 20 Minuten gehen lassen.

2. Inzwischen weiche Butter und Puderzucker schaumig rühren, Eier, Salz, Zitronenschale, restliche Milch und restliches Mehl zugeben und alles zu einem glatten Teig verkneten. Hefe-Vorteig, Rosinen und Mandeln zugeben, Teig kräftig abschlagen, bis er Blasen wirft und sich vom Schüsselrand löst.

3. Eine Gugelhupfform einfetten und Teig einfüllen. Er soll die Form etwa zur Hälfte ausfüllen. Etwa 2 Stunden an einem warmen Ort abgedeckt gehen lassen, bis der Teig den Formrand erreicht hat. Backofen auf 200 Grad vorheizen.

4. Gugelhupf im heißen Ofen etwa 35 Minuten backen. Als Garprobe ein Holzstäbchen hineinstechen. Bleibt kein Teig händegen, ist der Kuchen durchgebacken. Auf einem Kuchengitter auskühlen lassen und mit Puderzucker besieben.

Mein Tipp:

Joghurtkuchen

(für 1 Kastenform)

- 5 Eier
- 300 g Zucker
- 1 Päckchen Vanillinzucker
- 1 TL abgeriebene unbehandelte Zitronenschale
- etwas Zitronensaft
- 150 g Sonnenblumenöl
- 150 g Joghurt (3,5 % Fett)
- 450 g Mehl
- 1 Päckchen Backpulver
- Fett für die Form
- Puderzucker zum Besieben

1. Den Backofen auf 180 Grad vorheizen. Eier mit Zucker und Vanillinzucker schaumig rühren, Zitronenschale, 1 Schuss Zitronensaft, Öl und Joghurt unterrühren. Mehl mit Backpulver sieben und nach und nach unterrühren.

2. Die Form einfetten, Teig einfüllen und glatt streichen. Kuchen im heißen Ofen etwa 40 Minuten backen. Stürzen und auf einem Kuchengitter auskühlen lassen. Mit Puderzucker besieben.

Mein Tipp:

Käse-Sahne-Torte

1. Aus Mehl, Butter in Flocken, Zucker, Eigelb, Salz und Zitronenschale einen Mürbeteig kneten. Zu einer Kugel formen und abgedeckt 30 Minuten kühl stellen.

2. Backofen auf 190 Grad vorheizen. Teig auf bemehlter Arbeitsfläche zu zwei Tortenböden von 26 Zentimeter Ø ausrollen. Auf zwei mit Backpapier belegte Backbleche legen und im heißen Ofen in 8–10 Minuten goldgelb backen. einen Boden sofort in Tortenstücke schneiden, mit den ganzeen Boden auf Kuchengittern auskühlen lassen.

3. Für die Füllung Milch mit Zucker, Salz, Zitronenschale und Eigelben unter ständigem Rühren aufkochen lassen, vom Herd nehmen.

4. Gelatine nach Packungsangabe einweichen, auflösen, in die Milch rühren und diese kalt stellen. Inzwischen Sahne steif schlagen.

5. Beginnt die Milch zu erstarren, cremig gerührten Quark und Sahne unterziehen.

6. Ungeteilten Tortenboden in eine Springform legen, Formrand mit Pergamentpapier auslegen. Quarkcreme einfüllen und glatt streichen. Im Kühlschrank fest werden lassen.

7. Torte aus der Form lösen, Pergamentpapier vom Rand entfernen, geteilten Tortenboden darauf legen. Torte dick mit Puderzucker besieben und sofort servieren.

Unter die Quarkmasse frische oder tiefgekühlte Himbeeren, Johannisbeeren oder Erdbeeren mischen.

Mein Tipp:

(für 1 Springform, 26 cm Ø)

Für den Teig:

200 g Mehl

120 g Butter

70 g Zucker

1 Eigelb

1 Prise Salz

abgeriebene Schale von ½ unbehandelten Zitrone

Mehl für die Arbeitsfläche

Für die Füllung:

¼ l Milch

200 g Zucker

1 Prise Salz

abgeriebene Schale von 1 unbehandelten Zitrone

4 Eigelb

8 Blatt weiße Gelatine

500 g Magerquark

½ l Sahne

Puderzucker zum Besieben

Obst-Sahne-Torte

(für Springform, 26 cm Ø)

Für den Teig:

80 g Butter
40 g Zucker
1 Prise Salz
1 Eigelb
160 g Mehl
Mehl für die Arbeitsfläche

Für den Belag:

500 g Beeren nach Jahreszeit (etwa Erdbeeren)
2 cl Obstlikör
8 Blatt weiße Gelatine
½ l Sahne
50 g Zucker
1 Päckchen Vanillinzucker
1 Päckchen klarer Tortenguss
100 g Mandelblättchen

1. Aus Butter, Zucker, Salz, Eigelb und Mehl einen Mürbeteig kneten, zu einer Kugel formen und abgedeckt kühl stellen.

2. Früchte verlesen bzw. putzen, bei Bedarf waschen und trockentupfen. Mit dem Likör beträufeln, 30 Minuten ziehen lassen. Backofen auf 200 Grad vorheizen.

3. Teig ausrollen, eine Springform von 26 Zentimeter damit auslegen. Teig 15 Minuten backen, auf einem Kuchengitter auskühlen lassen.

4. Gelatine nach Packungsangabe kalt einweichen, ausdrücken und auflösen. Sahne mit Zucker und Vanillinzucker steif schlagen, Gelatine und ¾ der Früchte unterheben.

5. Mürbeteig wieder in Springform legen, den Rand der Form mit Alufolie auskleiden. Fruchtsahne einfüllen, restliche Früchte darauf verteilen.

6. Tortenguss nach Packungsangabe zubereiten und Früchte damit überziehen. Im Kühlschrank fest werden lassen. Tortenrand mit den Mandelblättchen verzieren und Torte frisch servieren.

Mein Tipp:

Fürst-Pückler-Torte

1. Beide Biskuitböden quer halbieren. Erdbeeren putzen, waschen und trockentupfen, mit einer Gabel fein zerdrücken. Gelatine in wenig kaltem Wasser einweichen. Sahne steif schlagen, Zucker zum Schluss einrieseln lassen.

2. ⅓ der Sahne mit Erdbeerpüree vermengen. Gelatine gut ausdrükken, mit wenig Wasser im Wasserbad auflösen, unter die Erdbeersahne ziehen. Beide helle Biskuitböden mit Sahne bestreichen,
je einen dunklen Boden darauf setzen. Einen dunklen Boden mit Erdbeersahne bestreichen, die anderen beiden Böden darauf legen.

3. Torte rundherum mit Sahne bestreichen. Restliche Sahne in einen Spritzbeutel mit Sterntülle füllen, 16 Rosetten auf die Torte spritzen. Auf jede eine kandierte Kirsche setzen. Schokoraspel in die Tortenmitte streuen, mit Puderzucker besieben. Tortenrand mit Mandelblättchen bestreuen. Torte kühl stellen und am selben Tag servieren.

Mein Tipp:

(für 1 Springform, 26 cm Ø)

1 heller Biskuitboden
1 Schokoladen-Biskuitboden
125 g Erdbeeren
2 Blatt weiße Gelatine
675 ml Sahne
50 g Zucker
16 kandierte Kirschen
2 EL Schokoraspel
1 TL Puderzucker
4 EL geröstete Mandelblättchen

Erdbeer-Joghurt-Torte

(für 1 Springform, 26 cm Ø)

Für den Teig

- **40 g ungesalzene Pistazien**
- **200 g Butter**
- **175 g Zucker**
- **1 Prise Salz**
- **5 Eier**
- **225 g Mehl**
- **1 Päckchen Backpulver**
- **Fett und Paniermehl für die Form**

Für Füllung und Belag:

- **1 kg Erdbeeren**
- **10 EL Zucker**
- **3 ½ EL Zitronensaft**
- **6 Blatt weiße Gelatine**
- **500 g Joghurt (3,5 % Fett)**
- **400 ml Sahne**
- **1 Päckchen roter Tortenguss**
- **10 ungesalzene Pistazien**

1. Den Backofen auf 200 Grad vorheizen. Pistazien fein hacken. Weiche Butter mit Zucker und Salz schaumig rühren. Eier einzeln unterrühren. Mehl mit Pistazien und Backpulver mischen und nach und nach unterrühren.

2. Eine Springform mit Backpapier auslegen, den Rand einfetten und mit Paniermehl bestreuen. Teig einfüllen und im heißen Ofen 40 Minuten backen. Auf einem Kuchengitter auskühlen lassen.

3. Erdbeeren putzen, 250 Gramm mit 2 Esslöffel Zucker und 1 Esslöffel Zitronensaft pürieren. Joghurt mit 4 Esslöffel Zucker und 2 Esslöffel Zitronensaft verrühren. 2 Blatt Gelatine kalt einweichen, bei schwacher Hitze nach Packungsangabe auflösen, unter das Erdbeerpüree ziehen. Restliche Gelatine ebenso behandeln und unter den Joghurt ziehen. Beide Mischungen kalt stellen.

4. Sobald Erdbeerpüree und Joghurt zu steifen beginnen, Sahne mit 2 Esslöffel Zucker steif schlagen. ⅔ unter das Erdbeerpüree, ⅓ unter den Joghurt heben.

5. Tortenboden zweimal waagerecht durchschneiden. Um den unteren Tortenboden den Springformrand legen. Erdbeercreme darauf streichen, den zweiten Boden darauf setzen. ⅔ Joghurtcreme darauf streichen.

6. Restliche Erdbeeren halbieren, mit 1 Esslöffel Zucker und ½ Esslöffel Zitronensaft mischen, Torte damit belegen. Tortenguss nach Packungsanweisung mit 1 Esslöffel Zucker zubereiten, über den Erdbeeren verteilen. Torte 3–4 Stunden kalt stellen.

7. Springformrand lösen, Tortenrand mit restlicher Joghurtcreme bestreichen. Pistazien fein hacken und Tortenrand damit garnieren.

Die halbe Menge Erdbeerpüree durch gedünsteten, gezuckerten Rhabarber ersetzen.
Anstelle Naturjoghurt Erdbeerjoghurt nehmen. Die Zuckermenge etwas reduzieren.

Mein Tipp:

Zitronen-Quark-Torte

(für 1 Springform, 26 cm Ø)

- 200 g fertigen Biskuit
- 50 g Butter
- 1 kg Magerquark
- 200 g saure Sahne
- 150 g Crème fraîche
- 200 g Zucker
- 40 g geschälte gemahlene Mandeln
- 6 Eier, 4 cl Rum
- abgeriebene Schale von 1 unbehandelten Zitrone
- Zitronensaft
- Fett für die Form

1. Biskuit im Mixer zu Krumen verarbeiten. Mit weicher Butter zu einem Teig verarbeiten. Zugedeckt 15 Minuten kühl stellen. Backofen auf 200 Grad vorheizen. Inzwischen Quark, saure Sahne, Crème fraîche, Zucker, Mandeln, Eier, Rum, Zitronenschale und etwas Zitronensaft cremig verrühren. Eine Springform einfetten.

2. Krumenteig auf dem Boden der Form verteilen, am Rand leicht hochdrücken. Quarkcreme darüber geben. Torte im heißen Ofen etwa 1 Stunde backen. Torte in der Form abkühlen lassen. Aus der Form lösen und auf einem Kuchengitter auskühlen lassen. Vor dem Servieren in 16 Stücke teilen.

Mein Tipp:

Frühlingstorte

(für 2 Springformen, 22 cm Ø)

- 225 g Mehl
- 2 ½ TL Backpulver
- 6 Eier
- 175 g Zucker
- 160 g Erdbeer- oder Rhabarbermarmelade
- ¼ l Sahne
- Puderzucker zum Bestäuben
- Fett und Mehl für die Formen

1. Backofen auf 180 Grad vorheizen. Zwei Springformen einfetten, mit Backpapier auslegen und leicht mit Mehl bestäuben.

2. Mehl mit Backpulver mischen und mehrmals durchsieben. Eier in einer großen Schüssel mit dem elektrischen Handrührgerät zu einer zähen hellgelben Masse schlagen. Nach und nach Zucker unterschlagen. Mehl und 2 Esslöffel kochend heißes Wasser zügig unterrühren.

3. Teig auf die Springformen verteilen und im heißen Ofen etwa 25 Minuten zu hellgelber Farbe backen. 5 Minuten in den Formen abkühlen lassen, dann auf Kuchengittern völlig auskühlen lassen. Marmelade gleichmäßig auf einem Biskuitkuchen verstreichen. Sahne steif schlagen, auf der Marmelade verteilen. Zweiten Biskuitkuchen locker darauf setzen und dick mit Puderzucker besieben.

Mein Tipp:

Osterlamm und Osterhase

125 g Butter
100 g Zucker
1 Päckchen Vanillinzucker
1 Fläschchen Rumaroma
2 Eier
70 g Mehl
60 g Speisestärke
½ TL Backpulver
50 g Kokosraspel
Fett und Paniermehl für die Form
Puderzucker zum Bestäuben

1. Zimmerwarme Butter mit Zucker und Vanillinzucker schaumig rühren. Rumaroma, Eier einzeln unterrühren. Mehl mit Speisestärke und Backpulver mischen, über den Teig sieben und unterrühren. Kokosraspel unterziehen.

2. Den Backofen auf 175 Grad vorheizen. Je eine Lamm- und Hasenform einfetten und mit Paniermehl ausstreuen. Je die Hälfte des Teigs in die Formen füllen. Formen verschließen und im vorgeheizten Ofen 30–35 Minuten backen; auskühlen lassen. Lamm und Hase vorsichtig aus der Form lösen, bei Bedarf die Standflächen gerade schneiden. Lamm und Hase dick mit Puderzucker bestäuben.

Mein Tipp:

Gefüllte Osterenten

(für etwa 15 Stück)

Für den Teig:
500 g Mehl
1 Würfel frische Hefe (42 g)
¼ l lauwarme Milch
50 g Butter, 1 Ei
1 Prise Salz, 50 g Zucker
1 Eigelb, Fett für das Blech

Für Füllung und Verzierung:
1 Eigelb
200 g Aprikosenmarmelade
2 EL Puderzucker
3 TL Zitronensaft
einige Korinthen

1. 2 Backbleche einfetten. Einen Hefeteig wie im Rezept für Osternester zubereiten. Gegangenen Teig kurz durchkneten, etwa 4 Millimeter dick ausrollen. Aus ⅔ des Teigs Kreise von 8 Zentimeter Ø ausstechen. Ränder mit Eigelb bestreichen. In die Mitte der halben Zahl Teigscheiben je etwas Marmelade geben. Je einen trockenen Teigkreis darauf setzen, etwas andrücken.

2. Aus dem restlichen Teig etwas kleinere Kreise als Entenköpfe ausstechen sowie noch kleinere als Schnäbel. Mit Eigelb bestreichen und je drei Teigkreise verschiedener Größe zu Enten zusammensetzen. Auf die Bleche legen.

3. Enten 15 Minuten gehen lassen. Den Backofen auf 220 Grad vorheizen. Enten mit Eigelb bestreichen und im heißen Ofen 15 Minuten backen. Auf einem Kuchengitter auskühlen lassen. Puderzucker mit Zitronensaft verrühren. Auf jede Ente mit Zuckerguss eine Korinthe als Auge aufkleben.

Mein Tipp:

Osternester

x

(für 18 Stück)

500 g Mehl
1 Würfel frische Hefe (42 g)
50 g Zucker
¼ l lauwarme Milch
50 g Butter
1 Ei
1 Prise Salz
1 Eigelb
18 Eier (5 Minuten gekocht)
Fett für die Bleche
Mehl für die Arbeitsfläche

1. 2 Backbleche einfetten. Mehl in eine Schüssel sieben, in die Mitte eine Mulde drücken, Hefe hineinbröckeln, mit 1 Teelöffel Zucker, etwas Milch und Mehl zu einem Vorteig rühren. Zugedeckt 15 Minuten an einem warmen Ort gehen lassen.

2. Butter schmelzen, mit Ei, Salz und restlichem Zucker zum Vorteig geben und alles zu einem trockenen Hefeteig verarbeiten. Teig abschlagen, bis er Blasen wirft. Zu einer Kugel formen und an einem warmen Ort zugedeckt etwa 15 Minuten gehen lassen.

3. Teig in 50 Gramm schwere Stücke teilen, diese mit bemehlten Händen zu Kugeln formen. Daraus 50 Zentimeter lange Stränge rollen, zu Spiralen drehen, zu Kreisen legen und je durch eine Schlinge verschließen.

4. Nester auf die Bleche legen, mit verschlagenem Eigelb bestreichen, je ein Ei in die Mitte drücken. Nochmals 10 Minuten gehen lassen. Inzwischen Backofen auf 210 Grad vorheizen.

5. Osternester 15–20 Minuten im heißen Ofen backen. Auf einem Kuchengitter auskühlen lassen. Eier mit Wasserfarbe rot färben.

Mein Tipp:

Osterbrot

- 500 g Mehl
- 1 Würfel frische Hefe (42 g)
- 1 TL Zucker
- ¼ l lauwarme Milch
- 100 g geschälte gehackte Mandeln
- 200 g gewürfeltes Zitronat
- 150 g Sultaninen
- 150 g Rosinen
- 4 EL Rum
- 125 g Butter
- 75 g Zucker
- 1 Ei
- 1 Prise Salz
- abgeriebene Schale von ½ unbehandelten Zitrone
- Fett für das Blech

1. Ein Backblech mit gefettetem Pergamentpapier belegen. Mehl in eine Schüssel sieben, in die Mitte eine Mulde drücken. Hefe hineinbröckeln, mit 1 Teelöffel Zucker, der Milch und etwas Mehl zum Vorteig rühren. Abgedeckt an einem warmen Ort 15 Minuten gehen lassen.

2. Mandeln, Zitronat, Sultaninen und Rosinen mit 1 Esslöffel Rum mischen, ziehen lassen. 75 Gramm Butter schmelzen, mit 25 Gramm Zucker, Ei, Salz und Zitronenschale zum Vorteig geben und alles zu einem Hefeteig abschlagen. Teig gründlich kneten, bis er Blasen wirft und sich vom Schüsselrand löst.

3. Teig zu einer Kugel formen und abgedeckt an einem warmen Ort zu doppelter Höhe aufgehen lassen. Teig kurz durchkneten, Rumfrüchte einarbeiten. Teig weitere 15 Minuten gehen lassen.

4. Den Backofen auf 220 Grad vorheizen. Teig zu einem Brotlaib formen, auf das Blech legen und nochmals 15 Minuten gehen lassen. Osterbrot kreuzweise einritzen und im heißen Ofen 50–60 Minuten backen.

5. Osterbrot noch heiß mit 50 Gramm flüssiger Butter bestreichen und mit 50 Gramm Zucker bestreuen. Auf einem Kuchengitter auskühlen lassen.

Mein Tipp:

Osterstriezel mit Mohn

1. Hefe zerbröckeln und in lauwarmer Milch auflösen. Mit Mehl, Zucker, weicher Butter, Eigelben, Salz, Zitronenschale und Rum zu einem glatten Hefeteig verarbeiten. Teig gut abschlagen, bis er Blasen wirft und sich vom Schüsselrand löst. Zu einer Kugel formen und abgedeckt an einem warmen Ort etwa 30 Minuten gehen lassen.

2. Inzwischen für die Füllung alle Zutaten in einem Topf vermengen, kurz aufkochen, abkühlen lassen.

3. Hefeteig nochmals kurz durchkneten, in drei Stücke teilen und auf bemehlter Arbeitsfläche zu drei Rechtecken ausrollen. Füllung gleichmäßig auf die drei Teigstücke verteilen und verstreichen. Teigränder mit Eiweiß bestreichen und Teig zur Mitte hin zusammenrollen. Aus den drei Teigrollen einen Zopf flechten. Auf ein Blech legen und etwa 10 Minuten ruhen lassen.

4. Den Backofen auf 170 Grad vorheizen. Den Striezel mit Eigelb bestreichen und im vorgeheizten Ofen in etwa 45 Minuten goldbraun backen.

5. Auf ein Kuchengitter legen, sofort mit heißer Aprikosenmarmelade überziehen. Puderzucker mit etwas Zitronensaft glatt rühren und den Striezel damit glasieren. Auskühlen lassen.

Mein Tipp:

Für den Teig:

1 Würfel frische Hefe (42 g)
¼ l lauwarme Milch
500 g Mehl
60 g Zucker
120 g Butter
2 Eigelb
1 Prise Salz
abgeriebene Schale von ½ unbehandelten Zitrone
2 EL Rum
Mehl für die Arbeitsfläche

Für die Füllung:

185 g fein gemahlener Mohn
75 g Biskuitbrösel
2 TL Honig
60 g Zucker
40 g fein gehackte Mandeln
60 g Rumrosinen
etwa 185 ml Milch

Zum Bestreichen:

1 Eigelb
50 g Aprikosenmarmelade

Für die Glasur:

50 g Puderzucker
etwas Zitronensaft

Osterklaben

- **375 g Mehl**
- **35 g frische Hefe**
- **50 g Zucker**
- **65 ml lauwarme Milch**
- **200 g Butter**
- **1 Päckchen Vanillinzucker**
- **je ½ TL Salz und gemahlener Kardamom**
- **100 g gehäutete gehackte Mandeln**
- **60 g gehacktes Zitronat**
- **Saft und abgeriebene Schale von 1 unbehandelten Zitrone**
- **350 g Rosinen**
- **Puderzucker zum Besieben**
- **Butter für das Blech**

1. Ein Backblech mit Butter einfetten. Mehl in eine Schüssel sieben und in die Mitte eine Mulde drücken. Hefe hineinbröckeln und mit Zucker und Milch zum Vorteig rühren. Zugedeckt an einem warmen Ort 20 Minuten gehen lassen.

2. Butter zerlassen und mit Vanillinzucker, Salz und Kardamom schaumig rühren. Zum Vorteig geben und alles kräftig zu einem Hefeteig abschlagen. Mandeln, Zitronat, Zitronensaft und -schale und Rosinen einarbeiten. Teig zugedeckt 45 Minuten an einem warmen Ort gehen lassen.

3. Teig kurz durchkneten und einen länglichen Laib daraus formen. Auf das Blech legen und weitere 15 Minuten gehen lassen. Backofen auf 220 Grad vorheizen.

4. Klaben auf mittlerer Schiene im vorgeheizten Ofen 65–70 Minuten backen. Auf einem Kuchengitter auskühlen lassen, dick mit Puderzucker besieben.

Mein Tipp:

Rot-weiße Ostertorte

1. Blätterteig nach Packungsangabe auftauen lassen. 2 Backbleche kalt abspülen, Backofen auf 200 Grad vorheizen.

2. Blätterteig in drei Stücke teilen und zu drei Böden von je 28 Zentimeter Ø ausrollen. Böden auf die Bleche legen, mehrmals mit einer Gabel einstechen und 15 Minuten ruhen lassen. Im heißen Ofen 10–12 Minuten backen.

3. Böden auf Kuchengittern auskühlen lassen. Einen Boden mit erhitzter Marmelade bestreichen und trocknen lassen. Puderzucker mit Zitronensaft glatt rühren, einen weiteren Tortenboden damit überziehen, in 16 Tortenstücke teilen und die Glasur trocknen lassen.

4. Kirschen abtropfen lassen. Kirschsaft mit 50 Gramm Zucker und Zimt aufkochen, mit kalt angerührter Speisestärke binden, abkühlen lassen. Kirschen unterrühren. Kirschmasse auf dem letzten Boden verteilen.

5. Sahne mit restlichem Zucker und Vanillinzucker steif schlagen. 6 Esslöffel in einen Spritzbeutel füllen, beiseite stellen. Halbe Menge Schlagsahne auf die Kirschmasse streichen. Den mit Marmelade bestrichenen Blätterteigboden darauf setzen, mit restlicher Sahne bestreichen. Darauf die glasierten Teigstücke legen.

6. Jedes Tortenstück mit einer Sahnerosette bespritzen, je ein Zuckerei leicht eindrücken. Torte sofort servieren.

Sahnerosetten zusätzlich mit gehackten Pistazien bestreuen. Die Torte schmeckt das ganze Jahr über, Ostereier durch kandierte Kirschen ersetzen, im Sommer durch Rispen frischer Johannisbeeren.

Mein Tipp:

(für 16 Stück)

- **300 g Blätterteig (tiefgekühlt)**
- **50 g Johannisbeermarmelade**
- **100 g Puderzucker**
- **1 EL Zitronensaft**
- **1 kg Sauerkirschen (aus dem Glas)**
- **70 g Zucker**
- **1 Msp. gemahlener Zimt**
- **3 TL Speisestärke**
- **½ l Sahne**
- **2 Päckchen Vanillinzucker**
- **16 rote Zuckereier**

Muttertagstorte

(für 1 Springform, 22 cm Ø)

Für den Teig:

4 Eier
125 g Zucker
1 Päckchen Vanillinzucker
100 g Mehl
80 g Butter
Fett und Mehl für die Form

Für die Creme:

¼ l Milch
½ Vanillestange
1 EL Zucker
1 Päckchen Vanillinzucker
20 g Speisestärke
2 Eigelb
125 g Butter

Für die Glasur:

½ Eiweiß
200 g Puderzucker
3 EL Rum
Belegkirschen, gehäutete Mandeln, Marzipanformen zum Garnieren

1. Eier mit 2 Esslöffel heißem Wasser, Zucker und Vanillinzucker verrühren. Im warmen Wasserbad weißschaumig schlagen. Das Volumen soll sich dabei etwa verdreifachen. Aus dem Wasserbad nehmen, weiter schlagen, bis die Masse abgekühlt ist. Mehl nach und nach unterrühren.

2. Den Backofen auf 180 Grad vorheizen. Geschmolzene Butter esslöffelweise unter den Teig rühren. Eine Springform mit Pergamentpapier auskleiden und einfetten und den Teig einfüllen. Im heißen Ofen 35 Minuten backen.

3. Torte auf ein Kuchengitter stürzen, Pergament abziehen und Teig auskühlen lassen. Einmal quer durchschneiden.

4. Für die Creme 3 Esslöffel Milch beiseite stellen, restliche Milch zum Kochen bringen. Vanilleschote längs aufschneiden, Mark herauskratzen, beides mit Zucker und Vanillinzucker zur Milch geben. Speisestärke mit den 3 Esslöffel Milch verquirlen, in die kochende Milch rühren, einmal aufkochen lassen, von der Platte ziehen. Vanilleschote entfernen. Eigelbe unterrühren. Creme im Wasserbad abkühlen lassen, dabei öfters umrühren.

5. Weiche Butter schaumig rühren, ausgekühlten Pudding löffelweise unterrühren. Buttercreme auf 2 Böden streichen, dritten Boden darauf setzen.

6. Eiweiß steif schlagen, nach und nach Puderzucker und Rum zugeben. Tortenoberfläche und -rand mit der Glasur bestreichen. Torte nach Wunsch garnieren. 8 Stücke markieren.

Mein Tipp:

Festliche Eierlikörtorte

1. Backofen auf 200 Grad vorheizen. Eier mit Zucker weißschaumig rühren, Mehl mit Backpulver darüber sieben und unterziehen. Teig in eine mit Backpapier ausgelegte Springform füllen und im heißen Ofen etwa 20 Minuten backen. Vom noch warmen Boden eine dünne obere Teigplatte abschneiden.

2. Aprikosenkonfitüre mit Rum pürieren. Dünne Teigplatte damit bestreichen. Mandelblättchen hellbraun rösten und über die Konfitüre streuen. Teigplatte in 16 Tortenstücke schneiden.

3. Restlichen Boden zweimal quer durchschneiden. Untersten Boden mit Preiselbeeren bestreichen, zweiten darauf setzen. Sahne mit Sahnesteif und Vanillinzucker steif schlagen. Eierlikör unterziehen. Eierlikörsahne auf den zweiten Boden streichen, dritten darauf setzen.

4. Zum Garnieren Sahne mit Sahnesteif und Vanillinzucker steif schlagen, Tortenoberfläche und -rand damit bestreichen. Tortenoberfläche rundum mit 16 Sahnerosetten garnieren. Die 16 geschnittenen Stücke mit dem breiten Ende je an den Tortenrand setzen, die Spitze je über die Sahnerosette legen. Zwischenräume mit kleinen Sahnerosetten bespritzen. Tortenmitte mit Eierlikör überziehen. Torte bis zum Servieren abgedeckt kühl stellen.

Mein Tipp:

(für 1 Springform, 26 cm Ø)

Für den Teig:

4 Eier
160 g Zucker
200 g Mehl
½ TL Backpulver
2 EL Aprikosenkonfitüre
2 EL Rum
100 g Mandelblättchen

Für die Füllung:

2 EL eingemachte Preiselbeeren
200 ml Sahne
1 Päckchen Sahnesteif
1 Päckchen Vanillinzucker
6 EL Eierlikör

Zum Garnieren:

400 ml Sahne
2 Päckchen Sahnesteif
2 Päckchen Vanillinzucker
6 EL Eierlikör

Hausfreunde

(für 1 Kastenform)

Für den Teig:

- 370 g Mehl
- 1 Päckchen Backpulver
- 1 Prise Salz, 200 g Zucker
- 1 Päckchen Vanillinzucker
- 3 Eier, 8 EL Rum
- 150 g gemahlene Hasel- oder Walnüsse, 150 g Rosinen
- Fett für die Form

Für die Glasur:

- 100 g Puderzucker
- 2 EL Rum

1. Backofen auf 180 Grad vorheizen. Mehl mit Backpulver mischen, Salz, Zucker, Vanillinzucker, Eier, Rum, Nüsse und Rosinen zugeben und alles zu einem Teig rühren.

2. Eine Kastenform (oder Springform) einfetten, Teig einfüllen und glatt streichen. Im heißen Ofen etwa 50 Minuten backen. Auf einem Kuchengitter auskühlen lassen.

3. Puderzucker mit Rum glatt rühren, Kuchen damit glasieren. Glasur trocknen lassen.

Mein Tipp:

Topfenschnitten

(für 1 Backblech) X

Für den Teig:

- 500 g Mehl
- 1 Päckchen Backpulver
- 50 g Zucker
- 1 cl Rum
- 3 Eigelb
- 4 EL Sahne
- 300 g Butter

Für die Füllung:

- 100 g Butter
- 100 g Zucker, 4 Eier
- 2 Päckchen Vanillinzucker
- abgeriebene Schale von 1 unbehandelten Zitrone
- 500 g Magerquark
- 50 g Rosinen

1. Mehl mit Backpulver sieben, mit Zucker, Rum, Eigelben, Sahne und Butter in Flocken zu einem Mürbeteig verkneten. Abgedeckt 30 Minuten kühl stellen.

2. Inzwischen weiche Butter mit Zucker schaumig rühren. Eier trennen, Eigelbe mit Vanillinzucker, Zitronenschale, Quark und Rosinen unter die Buttermischung rühren. Eischnee steif schlagen und unterziehen. Backofen auf 180 Grad vorheizen.

3. ⅔ Teig auf einem mit Backpapier belegtem Blech ausrollen, Füllung darauf streichen. Restlichen Teig ausrollen und in Streifen schneiden. Als Gitter über den Quark legen.

4. Kuchen im heißen Ofen in etwa 30 Minuten zu goldbrauner Farbe backen. Auf dem Blech in Stücke schneiden und auf einem Kuchengitter auskühlen lassen.

Mein Tipp:

Nothelfer-Torte

(für 1 Springform, 26 cm Ø)

- 140 g Butter, 140 g Zucker
- 1 Prise Salz
- abgeriebene Schale von 1 unbehandelten Zitrone
- 5 Eier
- 140 g gemahlene Nüsse
- 140 g trockener Magerquark
- 1 EL Mehl
- 1 Msp. Backpulver
- Fett für die Form
- Puderzucker zum Besieben

1. Den Backofen auf 180 Grad vorheizen. Weiche Butter mit Zucker und Salz schaumig rühren, Zitronenschale zugeben. Eier trennen, Eigelbe einzeln unterrühren, Nüsse und Quark zufügen. Eiweiße steif schlagen, auf die Schaummasse geben, Mehl und Backpulver darüber sieben und alles vorsichtig vermengen.

2. Eine Springform einfetten, mit Backpapier auslegen und den Teig einfüllen. Im vorgeheizten Ofen etwa 50 Minuten zu goldbrauner Farbe backen. Torte in der Form abkühlen lassen, vorsichtig auf ein Kuchengitter heben. Mit Puderzucker besiebt servieren.

Mein Tipp:

Einfacher Butterkuchen

(für 1 Backblech)

Für den Teig:

- 300 g Weizenmehl
- 100 g Dinkelmehl
- 30 g frische Hefe
- 50 g Zucker
- ⅛–¼ l lauwarme Milch
- 50 g Butter, 1 Ei
- ½ TL gemahlener Zimt
- 1 Prise Salz
- Fett für das Blech

Für den Belag:

- 150 g Butter
- ½ TL gemahlener Zimt
- 75 g brauner Rohrzucker
- 100 g Mandelblättchen

1. Beide Mehlsorten in eine Schüssel sieben, in die Mitte eine Mulde drücken. Hefe in die Mitte bröckeln, mit 1 Teelöffel Zucker, etwas Milch und Mehl zu einem Vorteig rühren, abgedeckt 15 Minuten an einem warmen Ort gehen lassen.

2. Restlichen Zucker, Butter in Flöckchen, Ei, Zimt, Salz und so viel Milch zugeben, dass ein mittelfester Hefeteig entsteht. Teig gut abschlagen, bis er Blasen wirft und sich vom Schüsselrand löst. Abgedeckt an einem warmen Ort 15 Minuten gehen lassen.

3. Teig kurz durchkneten, Blech fetten. Teig auf einem Backpapier in Blechgröße ausrollen, auf das Blech legen. Backofen auf 200 Grad vorheizen. Für den Belag weiche Butter schaumig rühren, gleichmäßig auf dem Teig verteilen. Mit Zimt, Zucker und Mandelblättchen bestreuen. 10–15 Minuten ruhen lassen.

4. Kuchen im heißen Ofen 20–25 Minuten goldbraun backen. Auf dem Blech in Stücke schneiden und auf einem Kuchengitter auskühlen lassen.

Mein Tipp:

Buttermilchweckerl

(für etwa 15 Stück)

400 g Dinkelmehl
200 g Roggenmehl
1 Würfel frische Hefe (42 g)
4 EL Olivenöl
¼ l Buttermilch
1 EL Kräutersalz
1 TL Kümmel
1 TL Koriander
Sesamsamen zum Bestreuen

1. Beide Mehlsorten in einer Schüssel mischen, in die Mitte eine Mulde drücken. Hefe hineinbröckeln, mit 75 Milliliter lauwarmem Wasser verrühren und abgedeckt an einem warmen Ort 15 Minuten gehen lassen.

2. Öl, zimmerwarme Buttermilch, etwa 175 Milliliter lauwarmes Wasser, Salz, Kümmel und Koriander zufügen und alles zu einem Hefeteig verarbeiten. Teig kräftig abschlagen, abgedeckt an einem warmen Ort etwa 50 Minuten gehen lassen.

3. Teig kurz durchkneten, etwa 60 Gramm schwere Weckerl formen, auf einem Blech abgedeckt 30 Minuten gehen lassen. Backofen auf 220 Grad vorheizen. Eine Tasse heißes Wasser auf den Boden des Ofens stellen.

4. Weckerl mit lauwarmem Wasser bestreichen, mit Sesam bestreuen und im heißen Ofen in 25 Minuten knusprig backen. Auf einem Kuchengitter auskühlen lassen.

Mein Tipp:

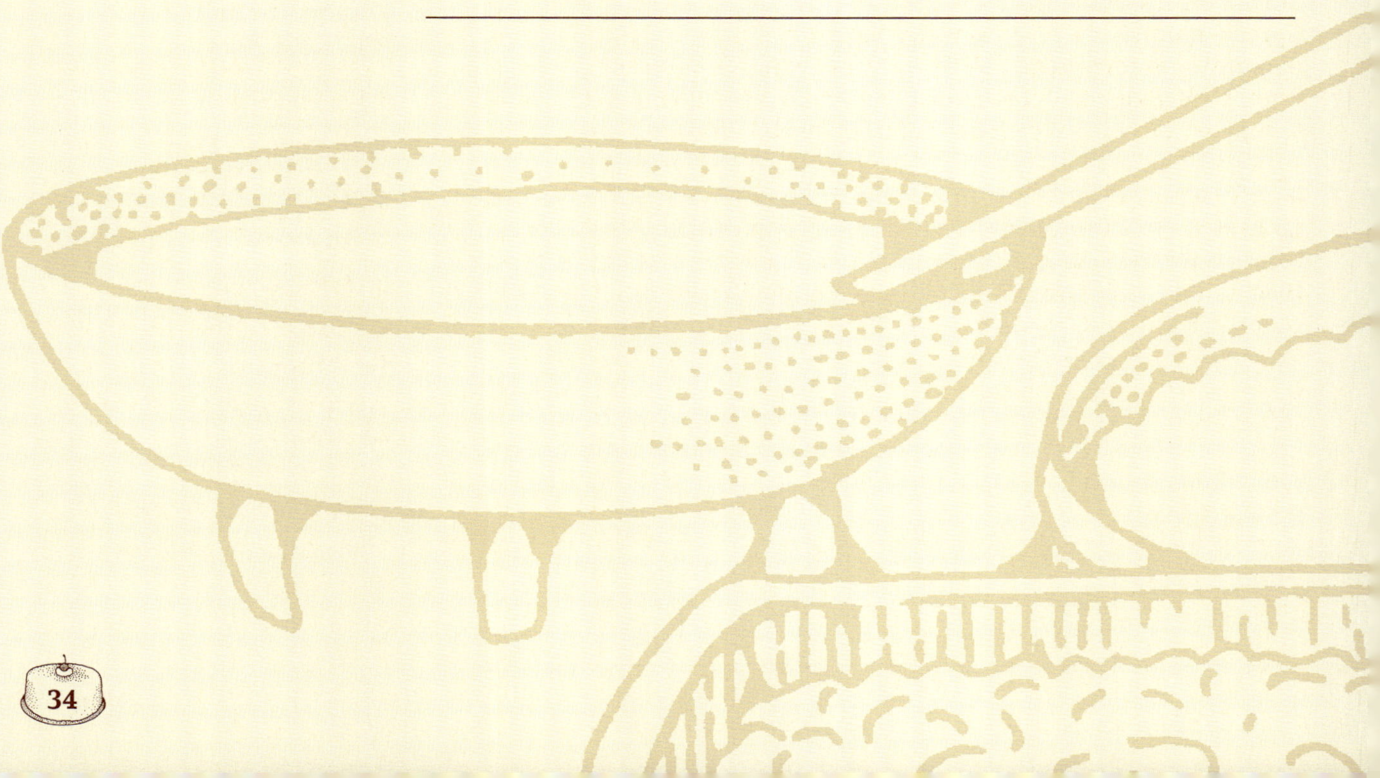

Griebenbrötchen

1. Mehl auf eine Arbeitsplatte sieben, Salz dazu streuen, in die Mitte eine Mulde drücken. Hefe in ¼ Liter lauwarmem Wasser auflösen, 2 Esslöffel Öl unterrühren und Mischung in die Mehlmulde gießen.

2. Zutaten rasch zu einem geschmeidigen Hefeteig verarbeiten. Teig etwa 10 Minuten kneten, zu einer Kugel formen und abgedeckt an einem warmen Ort etwa 1 ½ Stunden gehen lassen, bis sich das Teigvolumen verdoppelt hat. Den Backofen auf 220 Grad vorheizen. Teig nochmals kurz durchkneten, flach drücken, Grieben oder Speck darüber streuen und unterkneten. Aus dem Teig 12–15 runde oder ovale Brötchen formen. Auf ein gefettetes Blech setzen und mit restlichem Öl bestreichen. Brötchen im vorgeheizten Ofen etwa 20 Minuten backen. Auf einem Kuchengitter auskühlen lassen.

(für 12–15 Stück)

500 g Mehl (Type 1050)

2 TL Salz

½ Würfel frische Hefe (20 g)

4 EL Öl

100 g Grieben oder ausgelassener Speck

Fett für das Blech

Mein Tipp:

Dinkelbrötchen

1. Beide Mehlsorten in eine Schüssel sieben. Hefe in ⅛ Liter lauwarmem Wasser auflösen, zum Mehl gießen. Weiche Butter, Salz, Sprossen und ¼ Liter lauwarmes Wasser zugeben und alle Zutaten zu einem geschmeidigen Hefeteig verarbeiten, 8 Minuten intensiv kneten. Teig zu einer Kugel formen und abgedeckt an einem warmen Ort gehen lassen, bis sich das Volumen etwa verdoppelt hat.

2. Teig nochmals kurz durchkneten, in 12 Stücke teilen und diese zu Brötchen formen. Brötchen mit lauwarmem Wasser bestreichen, mit Sonnenblumenkernen bestreuen und mit einem scharfen Messer diagonal einschneiden. Brötchen auf ein mit Backpapier belegtes Blech setzen und abgedeckt 10 Minuten gehen lassen. Backofen auf 220 Grad vorheizen. Brötchen im vorgeheizten Ofen 10 Minuten backen, Hitze auf 180 Grad reduzieren und Brötchen weitere 20 Minuten backen.

(für 12 Stück)

350 g Dinkelmehl

250 g Weizenmehl (Type 1050)

½ Würfel frische Hefe (20 g)

40 g Butter

1 gestr. EL Salz

8 EL Dinkelsprossen (Bioladen)

Sonnenblumenkerne zum Bestreuen

Mein Tipp:

Sommer

Himbeer-Biskuitrolle

- **8 Eigelb**
- **175 g Zucker**
- **4 Eiweiß**
- **80 g Mehl**
- **20 g Speisestärke**
- **300 g Himbeeren**
- **½ l Sahne**
- **2 Päckchen Vanillinzucker**
- **Puderzucker zum Besieben**
- **Zucker zum Aufrollen**

1. Ein Backblech mit Backpapier belegen, den Backofen auf 240 Grad vorheizen.

2. Eigelbe mit 50 Gramm Zucker sehr schaumig rühren. Eiweiße mit 50 Gramm Zucker zu steifem Schnee schlagen, unter die Eigelbmasse ziehen. Mehl mit Speisestärke darüber sieben, vorsichtig unterziehen.

3. Teig auf das Pergamentpapier streichen, im heißen Ofen 8 Minuten backen. Auf ein mit Zucker bestreutes Tuch stürzen, mit einem angefeuchteten Küchentuch bedecken, auskühlen lassen. Das Pergamentpapier abziehen.

4. Himbeeren verlesen, 200 Gramm Früchte mit der Gabel fein zerdrücken. Sahne mit restlichem Zucker und Vanillinzucker steif schlagen. Eine Tasse Sahne in einen Spritzbeutel füllen, restliche Sahne mit Himbeerpüree mischen.

5. Biskuitrolle mit Himbeersahne bestreichen und aufrollen. Mit Sahnerosetten bespritzen und mit restlichen Himbeeren garnieren. Frisch servieren.

Schmeckt ebenso gut mit Erdbeeren. Im Winter tiefgekühlte Früchte verwenden.

Mein Tipp:

Johannisbeerkuchen

1. Mehl und Backpulver in einer Schüssel mischen, Ei, 100–150 Gramm Zucker, Salz und weiche Butter in Flocken zugeben. Alles rasch zu einem Mürbeteig verkneten. Abgedeckt 30 Minuten kühl stellen.

2. Backofen auf 180 Grad vorheizen. Johannisbeeren abbrausen, abtropfen lassen, trockentupfen und Beeren von den Rispen streifen. Eiweiße sehr steif schlagen, dabei nach und nach restlichen Zucker einrieseln lassen. Etwa ⅓ Eischnee in einen Spritzbeutel mit Lochtülle füllen. Restlichen Eischnee mit Mandeln und Speisestärke locker vermengen. Über die Johannisbeeren gleiten lassen und unterziehen.

3. Eine Springform einfetten. Mürbeteig ausrollen, Boden und Rand der Form damit auskleiden. Teigboden mehrmals mit einer Gabel einstechen. Johannisbeerschnee darauf verteilen, glatt streichen. Restlichen Schnee spiralförmig darüber spritzen.

4. Kuchen im heißen Ofen auf unterer Schiene 1 Stunde backen. Wenn der Eischnee zu schnell bräunt, mit Alufolie abdecken. Johannisbeerkuchen vorsichtig aus der Form lösen und auf einem Kuchengitter auskühlen lassen.

(für 1 Springform, 28 cm Ø)

- **300 g Mehl**
- **½ TL Backpulver**
- **1 Ei**
- **300–350 g Zucker**
- **1 Prise Salz**
- **200 g Butter**
- **500 g rote Johannisbeeren**
- **5 Eiweiß**
- **100 g gehackte gehäutete Mandeln**
- **40 g Speisestärke**
- **Fett für die Form**

Mein Tipp:

Kirschkuchen mit Streusel

(für 1 Backblech)

Für den Teig:

400 g Mehl

1 TL Backpulver

150 g Butter

175 g Zucker

2 Eier

Für den Belag:

½ l Milch

1 Päckchen Vanille-Pudding-pulver

175 g Zucker

2 Eier

500 g Quark

2 Päckchen Vanillinzucker

1 EL Rum

800 g Sauerkirschen

Für die Streusel:

300 g Mehl

150 g Butter

300 g Zucker

1. Mehl mit Backpulver mischen, in die Mitte eine Vertiefung drücken. Butter in Flöckchen am Rand verteilen, Zucker und Eier in die Mulde geben, alles zu einem Mürbeteig verkneten. Abgedeckt 30 Minuten kühl stellen.

2. Aus Milch, Puddingpulver und 50 Gramm Zucker nach Packungsangabe einen Pudding kochen, auskühlen lassen, dabei öfters umrühren. Eier trennen. Quark mit restlichem Zucker, Vanillinzucker, Eigelbe und Rum verrühren, Pudding unterziehen. Eiweiße steif schlagen und unterheben. Den Backofen auf 200 Grad vorheizen.

3. Teig auf einem mit Backpapier belegten Backblech ausrollen. Im heißen Ofen 10 Minuten backen. Inzwischen Kirschen waschen, abtropfen und entkernen.

4. Kirschen auf dem Teig verteilen, Käsecreme darüber streichen. Für die Streusel Mehl, weiche Butter und Zucker krümelig verarbeiten, über die Käsecreme streuen.

5. Kuchen im 200 Grad heißen Ofen etwa 45 Minuten backen. In etwa 20 Stücke teilen und auf einem Kuchengitter auskühlen lassen.

Im Winter anstelle von frischen Sauerkirschen 1 Glas Sauerkirschen ohne Steine (720 ml) nehmen. Der Kuchen schmeckt auch gut mit Aprikosen, Johannisbeeren und Zwetschgen.

Mein Tipp:

Stachelbeer-Baiser-Kuchen

(für 1 Springform, 26 cm Ø)

250 g Mehl
150 g Butter
50 g Zucker
1 Ei
1 Prise Salz
500 g Stachelbeeren
5 EL Zucker
½ l Milch
2 Eigelb
1 Päckchen Vanille-Puddingpulver
3 Eiweiß
150 g Puderzucker
50 g Mandelblättchen
Fett für die Form

1. Gesiebtes Mehl mit Butter, Zucker, Ei und Salz zu einem Mürbeteig verkneten. Teig abgedeckt 2 Stunden kühl stellen.

2. Stachelbeeren waschen, putzen, mit ¼ Liter Wasser und 2 Esslöffel Zucker 15 Minuten köcheln, abkühlen lassen. Backofen auf 200 Grad vorheizen.

3. Teig ausrollen und Boden und Rand einer gefetteten Springform damit auslegen. Teigboden mit einer Gabel mehrmals einstechen und Mürbeteig 20 Minuten im heißen Ofen backen.

4. 4 Esslöffel Milch mit Eigelben, Puddingpulver und 3 Esslöffel Zucker verquirlen. Restliche Milch aufkochen, Puddingpulver einrühren und ein paar Mal aufkochen lassen.

5. Etwas ausgekühlten Pudding auf dem Kuchenboden verteilen, mit abgetropften Stachelbeeren belegen. Backofen auf 220 Grad schalten.

6. Eiweiße mit Puderzucker steif schlagen, über die Beeren streichen. Mit Mandelblättchen bestreuen. Baiser im heißen Ofen 10 Minuten überbacken. Kuchen in der Form abkühlen lassen, auf ein Kuchengitter heben.

Mein Tipp:

Gefüllte Schuhsohlen

(für etwa 8 Stück)

300 g Blätterteig (tiefgekühlt)

½ l Sahne

1 EL Zucker

1 Päckchen Vanillinzucker

1. Blätterteig nach Packungsanweisung auftauen lassen.

2. Backofen auf 200 Grad vorheizen. Mit einer Ringform von 8 Zentimeter Ø Plätzchen ausstechen. Eine Arbeitsfläche mit Zucker bestreuen und Teigplätzchen darauf zu länglichen »Schuhsohlen« von etwa 23 Zentimeter Länge ausrollen. Dabei einmal wenden. Auf ein mit kaltem Wasser abgespültes Blech legen.

3. Schuhsohlen auf oberer Schiene im heißen Ofen 10 Minuten backen. Auf einem Kuchengitter abkühlen lassen.

4. Sahne steif schlagen, mit Zucker und Vanillinzucker süßen. Halbe Menge Schuhsohlen dick mit Sahne bestreichen, restliche darauf legen und sofort servieren.

Die Schuhsohlen schmecken auch trocken, ohne Sahnefüllung, gut.

Mein Tipp:

Löffelbiskuits

(für etwa 30 Stück)

- 7 Eier
- 125 g Zucker
- 1 Päckchen Vanillinzucker
- abgeriebene Schale von ½ unbehandelten Zitrone
- 150 g Mehl
- 80 g Puderzucker
- Butter zum Einfetten

1. Backofen auf 220 Grad vorheizen. Eier trennen, Eigelbe mit 50 Gramm Zucker, Vanillinzucker und Zitronenschale schaumig rühren. Eiweiße steif schlagen, restlichen Zucker kurz unterschlagen. Eischnee auf die Eigelbmasse gleiten lassen, Mehl darüber sieben. Masse locker mit einem Schneebesen vermischen.

2. Teig in einen Spritzbeutel mit 1 Zentimeter breiter Lochtülle füllen. Auf 10 Zentimeter breite Pergamentpapierstreifen 8 Zentimeter lange Stäbchen in Abständen von 5 Zentimetern spritzen. Mit Puderzucker bestäuben. Überschüssigen Puderzucker vorsichtig vom Papier entfernen.

3. Stäbchen auf ein leicht gefettetes Blech setzen. Im heißen Ofen auf mittlerer Schiene etwa 5 Minuten backen. Sofort vom Papier lösen und auf einem Kuchengitter auskühlen lassen.

Mein Tipp:

Schweinsohren

(für etwa 15 Stück)

- 300 g Blätterteig (tiefgekühlt)
- Mehl zum Ausrollen
- 1 Eigelb
- 2 EL Hagelzucker oder grober Zucker

1. Blätterteig nach Packungsangabe auftauen lassen.

2. Backofen auf 220 Grad vorheizen. Teigplatten übereinander legen und auf einem bemehlten Backbrett 3 Millimeter dick zu einem Rechteck ausrollen. Beide Schmalseiten zur Mitte hin viermal umklappen. Teig in 2 Zentimeter breite Streifen schneiden und in der Mitte leicht umbiegen, damit sie wie 2 aneinander gelegte Ohren aussehen. Mit verquirltem Eigelb bestreichen und dick mit Zucker bestreuen. Mit genügend Abstand auf ein kalt abgespültes Blech legen.

3. Schweinsohren im vorgeheizten Ofen auf mittlerer Schiene 25 Minuten backen. Auf einem Kuchengitter abkühlen lassen und frisch servieren.

Mein Tipp:

Fruchttörtchen

(für 12 Stück)

50 g Butter
4 Eier
125 g Zucker
1 Prise Salz
80 g Mehl
50 g Speisestärke
1 Msp. Backpulver
Fett und Mehl für die Formen

Für den Belag:

1 Päckchen Vanille-Puddingpulver
¼ l Milch
1 Ei
¼ l Sahne
4 EL Zucker
750 g frische gemischte Beeren und Früchte

Für den Guss:

1 Päckchen klarer Tortenguss
¼ l roter Johannisbeersaft
2 EL Zucker

1. Backofen auf 200 Grad vorheizen. Butter schmelzen, abkühlen lassen. Eier trennen, Eigelbe mit 4 Esslöffel warmem Wasser schaumig schlagen. Zucker unterrühren, bis er sich aufgelöst hat, Butter unterrühren.

2. Eiweiße mit Salz steif schlagen. Mehl, Stärke und Backpulver mischen. Eischnee auf die Eigelbcreme geben, Mehlmischung darüber sieben und alles locker vermengen.

3. 12 Förmchen einfetten und leicht mit Mehl ausstreuen. Je 2–3 Esslöffel Teig einfüllen und im heißen Ofen etwa 12 Minuten backen. Etwas abkühlen lassen, auf ein Kuchengitter stürzen.

4. Puddingpulver mit 4 Esslöffel Milch und Ei glatt rühren. Restliche Milch mit Sahne und Zucker aufkochen, mit Puddingpulver unter Rühren dicken, auskühlen lassen.

5. Beeren verlesen, Obst waschen, putzen und in mundgerechte Stücke schneiden. Törtchen nacheinander mit Pudding und gemischten Früchten füllen.

6. Tortenguss mit 4 Esslöffel Fruchtsaft und Zucker verrühren, restlichen Saft aufkochen, mit Tortenguss dicken, abkühlen lassen. Beginnt der Guss zu gelieren, über den Früchten verteilen, fest werden lassen. Törtchen vor dem Servieren kühl stellen.

Mein Tipp:

Johannisbeerschnitten

1. Backofen auf 180 Grad vorheizen. Eier trennen, Eigelbe mit Puderzucker, 1 Päckchen Vanillinzucker und 6 Esslöffel Wasser schaumig rühren. Butter zerlassen, etwas abkühlen lassen und unterrühren. Abwechselnd Backpulver, gesiebtes Mehl und Milch unterrühren.

2. Ein Backblech fetten, Teig darauf streichen und im heißen Ofen in 30–40 Minuten hellgelb backen.

3. Inzwischen Eiweiße zu steifem Schnee schlagen, Zucker und restlichen Vanillinzucker unter Schlagen einrieseln lassen. Johannisbeeren waschen, abtropfen lassen, von den Rispen streifen und unter den Eischnee heben.

4. Teig aus dem Rohr nehmen, Johannisbeerschnee aufstreichen und in 10–15 Minuten lichtgelb überbacken. Kuchen auf dem Blech in Rechtecke oder Quadrate schneiden, auf einem Kuchengitter auskühlen lassen.

(für etwa 20 Stück)

6 Eier

200 g Puderzucker

3 Päckchen Vanillinzucker

120 g Butter

1 Päckchen Backpulver

500 g Mehl (Type 1050)

etwa ⅛ l Milch

200 g Zucker

500 g rote und schwarze Johannisbeeren, gemischt

Fett für das Blech

Mein Tipp:

Kirsch-Quark-Schnitten

(für 1 Backblech)

Für den Teig:

500 g Mehl
1 Päckchen Backpulver
50 g Zucker
2 EL Rum
3 Eigelb
4 EL Sahne
300 g Butter
Fett für das Blech

Für den Belag:

500 g Magerquark
100 g Butter
100 g Zucker
4 Eier
2 Päckchen Vanillinzucker
300 g Kirschen
50 g Mandelblättchen

1. Mehl mit Backpulver auf eine Arbeitsplatte sieben, Zucker, Rum, Eigelbe, Sahne und Butter in Flocken zugeben. Alle Zutaten rasch zu einem Mürbeteig verarbeiten, abgedeckt 30 Minuten kühl stellen.

2. Ein Backblech einfetten. Quark mit weicher Butter und Zucker cremig verrühren. Eier trennen, Eigelbe und Vanillinzucker unter die Quarkmasse rühren. Kirschen waschen, trocknen, entstielen und entkernen und unter den Quark mengen. Eiweiße steif schlagen und unterheben. Backofen auf 180 Grad vorheizen.

3. ⅔ des Teigs ausrollen und das Backblech damit auslegen. Quarkmasse darauf streichen. Restlichen Teig ausrollen, in Streifen schneiden und als Gitter über den Quarkbelag legen. Mandelblättchen über den Kuchen streuen.

4. Kuchen im heißen Ofen in etwa 40 Minuten goldbraun backen. Am Blech in Stücke schneiden und auf einem Kuchengitter auskühlen lassen.

Mein Tipp:

Windbeutel mit Erdbeerquark

1. Mehl sieben. 200 Milliliter Wasser mit Butter, Honig und Salz aufkochen lassen. Mehl dazuschütten, kräftig unterrühren, bis sich ein Kloß und ein weißer Belag am Topfboden gebildet hat. In eine Schüssel füllen, ein Ei unterrühren. 5 Minuten auskühlen lassen, nacheinander restliche Eier unterrühren. Den Backofen auf 200 Grad vorheizen.

2. Auf ein gefettetes Blech mit einem Spritzbeutel mit Lochtülle 20 Kugeln mit ausreichend Abstand spritzen. Auf mittlerer Schiene im heißen Ofen in 30 Minuten goldbraun backen. 5 Minuten im Ofen auskühlen lassen, danach 10 Minuten auf einem Kuchengitter. Mit einer Schere oder einem Sägemesser durchschneiden.

3. Für die Füllung Gelatine nach Packungsangabe kalt einweichen. Erdbeeren waschen, putzen und würfeln. Zucker untermischen. Quark, Zitronensaft und -schale unterrühren. Bei schwacher Hitze aufgelöste Gelatine zugeben. Sahne steif schlagen und unterziehen.

4. Windbeutel mit Erdbeerquark füllen, Teigdeckel aufsetzen und dick mit Puderzucker besieben.

Mein Tipp:

(für 20 Stück)

Für den Teig:

200 g Mehl
125 g Butter
2 EL Honig
1 Prise Salz
4 Eier
Fett für das Blech

Für die Füllung:

3 Blatt weiße Gelatine
250 g Erdbeeren
100 g Zucker
125 g Magerquark
1 Schuss Zitronensaft
½ TL abgeriebene unbehandelte Zitronenschale
200 ml Sahne
Puderzucker zum Bestäuben

Erdbeertörtchen

(für 12 Stück)

Für den Teig:

- **200 g Mehl**
- **1 Msp. Backpulver**
- **120 g geschälte gemahlene Mandeln**
- **1 Päckchen Vanillinzucker**
- **60 g Zucker**
- **1 Prise Salz**
- **120 g Butter**
- **Mehl für die Arbeitsfläche**
- **Fett für die Förmchen**

Für den Belag:

- **50 g weiße Kuvertüre**
- **2 EL geröstete Mandelblättchen**
- **400 g Erdbeeren**
- **70 g Zucker**
- **3 Eiweiß**
- **85 g Puderzucker**
- **1 ½ TL Zitronensaft**

1. Mehl mit Backpulver und Mandeln mischen. Vanillinzucker, Zucker, Salz und Butter in Flocken zugeben und alles zu einem Mürbeteig verkneten. Zugedeckt 30 Minuten kühl stellen.

2. Backofen auf 200 Grad vorheizen. Teig auf bemehlter Arbeitsfläche ½ Zentimeter dünn ausrollen, 12 Tortelett-Förmchen einfetten und mit dem Teig auslegen. Im heißen Ofen 20 Minuten backen, auskühlen lassen.

3. Kuvertüre im heißen Wasserbad schmelzen. Innere Böden der Törtchen damit bestreichen, mit Mandelblättchen bestreuen und trocknen lassen.

4. Erdbeeren putzen, waschen, trockentupfen. Große Erdbeeren halbieren oder vierteln. In einer Schüssel mit Zucker mischen, kurz ziehen lassen.

5. Eiweiße steif schlagen, Puderzucker und Zitronensaft zugeben und etwas weiter schlagen. Mit einem Spritzbeutel auf die Törtchen spritzen. Törtchen 5 Minuten im heißen Ofen auf der unteren Schiene überbacken, auskühlen lassen und frisch servieren.

Mein Tipp:

Kirsch-Mandel-Schnitten

(für etwa 10 Stück)

300 Blätterteig (tiefgekühlt)
100 g Marzipan-Rohmasse
1 Eiweiß
2 cl Kirschwasser
50 g Zucker
2 EL gemahlene Mandeln
200 g Sauerkirschen
1 Eigelb
3 EL Puderzucker
1 EL Kirschwasser

1. Blätterteigplatten nebeneinander legen und nach Packungsangabe auftauen lassen. Teigscheiben (bis auf eine) zu Quadraten halbieren. Auf ein mit kaltem Wasser abgespültes Blech legen.

2. Marzipan mit Eiweiß, Kirschwasser, Zucker und Mandeln vermengen, auf die Quadrate verteilen. Sauerkirschen waschen, trockentupfen, entstielen und entsteinen. Kirschen auf der Marzipanmasse verteilen. Teigränder mit verquirltem Eigelb bestreichen. Restliche Blätterteigscheibe dünn ausrollen und mit einem Teigrädchen in 20 schmale Streifen schneiden; Quadrate kreuzweise damit belegen, andrücken und mit Eigelb bestreichen. Schnitten 15 Minuten ruhen lassen.

3. Inzwischen den Backofen auf 220 Grad vorheizen. Gebäck auf mittlerer Schiene im heißen Ofen 15 Minuten backen. Inzwischen Puderzucker mit Kirschlikör glatt rühren. Gebäck noch warm damit glasieren, auf einem Kuchengitter auskühlen und trocknen lassen.

Mein Tipp:

Schneller Nusskuchen

(für 1 Kastenform)

300 g Butter, 250 g Zucker
1 Prise Salz, 4 Eier
250 g Mehl
Speisestärke
3 TL Backpulver
200 g gemahlene Haselnüsse
Fett für die Form
150 g Puderzucker
2 EL Kakaopulver
3 EL Rum

1. Den Backofen auf 200 Grad vorheizen. Weiche Butter mit Zucker und Salz schaumig rühren. Eier nacheinander unterrühren. Mehl und Speisestärke mischen, sieben. Mit Haselnüssen zur Schaummasse geben und unterrühren.

2. Eine Kastenform gut einfetten. Teig einfüllen und glatt streichen. Im vorgeheizten Ofen auf mittlerer Schiene 1 Stunde backen. Auf ein Kuchengitter stürzen und auskühlen lassen. Für den Guss Puderzucker mit Kakao mischen. Mit Rum und 3 Esslöffeln Wasser glatt rühren. Kuchen mit der Glasur überziehen und trocknen lassen.

Mein Tipp:

Heidelbeerkuchen

(für 1 Backblech)

Für den Teig:

500 g Mehl
1 Würfel frische Hefe (42 g)
60 g Zucker
¼ l lauwarme Milch
200 g Butter
½ TL gemahlener Zimt
Butter für das Blech

Für den Belag:

150 g Butter
5 EL Paniermehl
1 kg Heidelbeeren
100 g Zucker
1 TL gemahlener Zimt

1. Mehl in eine Schüssel sieben, in die Mitte eine Mulde drücken. Hefe hineinbröckeln, mit etwas Zucker, etwas Milch und wenig Mehl zum Vorteig rühren und 15 Minuten zugedeckt an einem warmen Ort gehen lassen.

2. Restliche Milch, restlichen Zucker, Butter in Flöckchen und Zimt zugeben und alles gut verkneten. Teig abschlagen, bis er sich vom Schüsselrand löst. Ein Backblech einfetten. Teig darauf ausrollen und weitere 15 Minuten gehen lassen.

3. Backofen auf 220 Grad vorheizen. Teigränder etwas hochdrücken, 50 Gramm Butter zerlassen und Teig damit bepinseln. Mit 3 Esslöffel Paniermehl bestreuen, verlesene Heidelbeeren darauf verteilen. Zucker und Zimt mischen und über die Heidelbeeren streuen. Restliche Butter als Flöckchen auf dem Kuchen verteilen. Restliches Paniermehl darüber streuen.

4. Kuchen im vorgeheizten Ofen etwa 25 Minuten backen. In Stücke teilen und auf einem Kuchengitter auskühlen lassen.

Heidelbeerkuchen schmeckt am besten mit viel frischer Schlagsahne.

Mein Tipp:

Mohnrolle

1. Mehl in eine Schüssel sieben und in die Mitte eine Mulde drücken. Hefe hineinbröckeln und mit etwas Zucker, 5 Esslöffel Milch und etwas Mehl vom Rand zu einem Vorteig rühren. Zugedeckt an einem warmen Ort 15 Minuten gehen lassen.

2. Restlichen Zucker, Salz, Ei, weiche Butter und restliche Milch zugeben und alles zu einem Hefeteig verkneten, Teig kräftig abschlagen, bis er sich vom Schüsselrand löst. Zugedeckt an einem warmen Ort 30–45 Minuten gehen lassen.

3. Rosinen heiß waschen und mit Rum mischen. Mohn und Grieß vermengen, mit aufgekochter Milch übergießen. Rosinen, Zucker, Zitronenschale und Mandeln unterrühren und alles 10 Minuten quellen lassen.

4. Ein Blech einfetten. Hefeteig kurz durchkneten und auf bemehlter Arbeitsfläche zu einem Rechteck (etwa 30 mal 53 Zentimeter) ausrollen. Mit der Füllung bestreichen, dabei je einen 2 Zentimeter breiten Rand lassen. Teig längs aufrollen und mit der Nahtstelle nach unten auf das Blech legen. Zugedeckt 20 Minuten gehen lassen.

5. Backofen auf 180 Grad vorheizen. Mohnstriezel auf der mittleren Schiene etwa 45 Minuten backen. Marmelade erwärmen und den noch heißen Striezel damit bestreichen.

Mohn wird besonders saftig und aromatisch, wenn er nicht gemahlen, sondern mit einer Mohnmühle (gibt es im Fachhandel) frisch gequetscht wird.

Mein Tipp:

Für den Teig:

- **500 g Mehl**
- **1 Würfel frische Hefe (42 g)**
- **80 g Zucker**
- **200 ml lauwarme Milch**
- **1 Prise Salz**
- **1 Ei**
- **75 g Butter**
- **Fett für das Blech**

Für die Füllung:

- **100 g Rosinen**
- **3 EL Rum**
- **250 g fein gemahlener Mohn**
- **30 g Grieß**
- **200 ml Milch**
- **100 g Zucker**
- **abgeriebene Schale von ½ unbehandelten Zitrone**
- **50 g gehackte Mandeln**
- **3 EL Aprikosenmarmelade zum Bestreichen**

Schneckenkuchen

(für 1 Springform, 26 cm Ø)

Für den Teig:

400 g Mehl
1 Würfel frische Hefe (42 g)
70 g Zucker
⅛ l lauwarme Milch
1 Päckchen Vanillinzucker
1 Prise Salz
1 TL abgeriebene unbehandelte Zitronenschale
100 g Butter
Fett für die Form

Für die Füllung:

100 g Rosinen
4 EL Rum
100g Marzipan-Rohmasse
100 g Zucker
100g gemahlene Haselnüsse
¼ TL gemahlener Zimt
1 Msp. gemahlene Nelken
2 Eiweiß
3 EL Aprikosenkonfitüre zum Bestreichen

1. Mehl in eine Schüssel sieben, in die Mitte eine Mulde drücken. Hefe hineinbröckeln, mit etwas Zucker, 4 Esslöffel Milch und etwas Mehl verrühren. Zugedeckt 20 Minuten an einem warmen Ort gehen lassen.

2. Restliche Milch, übrigen Zucker, Vanillinzucker, Salz, Zitronenschale und Butter in Flöckchen zum Vorteig geben, alles gründlich verkneten und zu einem Hefeteig abschlagen. Teig 30 Minuten abgedeckt an einem warmen Ort gehen lassen.

3. Eine Springform einfetten. Rosinen heiß waschen und trockentupfen, in Rum einweichen. Marzipan mit Zucker, Nüssen und Gewürzen verkneten. Eiweiße steif schlagen und mit Rumrosinen unter das Marzipan ziehen.

4. Hefeteig kurz durchkneten, etwa ½ Zentimeter dünn zu einem Rechteck ausrollen. Füllung darauf verstreichen, Teig von der Längsseite her aufrollen und in 14 Scheiben schneiden. Scheiben mit der Schnittfläche nach oben kreisförmig in die Form setzen, weitere 20 Minuten zugedeckt gehen lass[illegible]n Backofen auf 200 Grad vorheizen.

5. Kuchen auf mittlerer [illegible] Stunde im vorgeheizten Ofen backen. Aprikosenkonfitüre erwärmen und noch warmen Kuchen damit bestreichen. Kuchen auf einem Gitter auskühlen lassen.

Für die Füllung anstelle von weißem Zucker braunen Rohrzucker verwenden, schmeckt besonders würzig.

Mein Tipp:

Käsekuchen

(für 1 Springform, 26 cm Ø)

Für den Teig:

150 g Mehl
100 g Butter
50 g Zucker
1 Eigelb
Fett für die Form

Für den Belag:

500 g Quark (20 % Fett)
200 g Zucker
2 Päckchen Vanillinzucker
abgeriebene Schale von 1 unbehandelten Zitrone
je 1 gehäufter EL Mehl und Speisestärke
7 Eier
50 g Butter

1. Mehl auf eine Arbeitsplatte sieben, Butter in Stückchen zugeben, Zucker und Vanillinzucker darüber streuen. Eigelb in die Mitte geben, alles mit einem Messer durchhacken und rasch zu einem Mürbeteig verkneten. Teig zugedeckt 1 Stunde kühl stellen.

2. Backofen auf 190 Grad vorheizen. Eine Springform einfetten und mit dem Teig auskleiden. Teigboden mehrmals mit einer Gabel einstechen. Im vorgeheizten Ofen 15 Minuten backen.

3. Inzwischen Quark mit 150 Gramm Zucker, Vanillinzucker, Zitronenschale, Mehl und Speisestärke verrühren. Eier trennen, Eigelbe unter den Quark rühren. Eiweiße mit restlichem Zucker steif schlagen. Butter zerlassen, mit Eiweiß vorsichtig unterziehen. Quarkmasse auf den vorgebackenen Kuchenboden füllen und bei 180 Grad 40 Minuten backen.

4. Kuchen warm aus der Form lösen, auf ein Kuchengitter heben, auskühlen lassen.

Mein Tipp:

Marmorkuchen

(für 1 Napfkuchenform)

- **250 g Butter**
- **1 Päckchen Vanillinzucker**
- **1 Prise Salz**
- **250 g Zucker**
- **4 Eier**
- **500 g Mehl**
- **1 Päckchen Backpulver**
- **⅛ l Milch**
- **50 g gehackte Mandeln**
- **50 g Blockschokolade**
- **40 g Kakaopulver**
- **2 EL Rum**
- **4 EL Milch**
- **Fett und Paniermehl für die Form**
- **Puderzucker zum Bestäuben**

1. Den Backofen auf 180 Grad vorheizen. Butter schaumig rühren, Vanillinzucker, Salz und esslöffelweise 200 g Zucker unterrühren. Eier nacheinander einrühren. Mehl mit Backpulver mischen und sieben, abwechselnd mit der Milch unterrühren.

2. ⅓ des Teigs beiseite stellen. Restlichen Teig mit Mandeln vermischen. Blockschokolade reiben, mit Kakao, restlichem Zucker, Rum und Milch mischen. Unter das beiseite gestellte Teigdrittel rühren.

3. Eine Napfkuchenform einfetten und mit Paniermehl ausstreuen. Nacheinander Hälfte des hellen Teigs, dunklen Teig, danach restlichen hellen Teig einfüllen. Mit einer Gabel spiralförmig durch den eingefüllten Teig ziehen. Dadurch entsteht die Marmorierung.

4. Kuchen im vorgeheizten Ofen 90 Minuten backen. Marmorkuchen auf ein Kuchengitter stürzen, auskühlen lassen und mit Puderzucker bestäuben.

Mein Tipp:

Aprikosen-Weincreme-Torte

1. Mehl mit Backpulver mischen. Butter in kleinen Stückchen, 80 Gramm Zucker, Salz und 1 Ei zugeben und alles rasch zu einem Mürbeteig verkneten. Teig zu einer Kugel formen und abgedeckt 30 Minuten kühl stellen.

2. Den Backofen auf 200 Grad vorheizen. Mürbeteig ausrollen, den Boden der Springform damit auslegen, dabei einen schmalen Rand formen. Teigboden mehrmals mit einer Gabel einstechen und im heißen Ofen 30 Minuten backen.

3. Inzwischen Aprikosen blanchieren, häuten, halbieren und entsteinen. Gelatine nach Packungsangabe einweichen.

4. 2 Eier trennen, Eigelbe mit restlichem Zucker schaumig rühren. Weißwein, 2 Esslöffel Rum, Orangen- und Zitronensaft und -schale unterschlagen. Gelatine bei schwacher Hitze auflösen und unterrühren. Creme abgedeckt kalt stellen.

5. Eiweiße und Sahne getrennt steif schlagen. Beginnt die Creme zu gelieren, Eischnee und Sahne vorsichtig unterziehen.

6. Tortenboden mit Creme bestreichen und zugedeckt etwa 2 Stunden kalt stellen, bis die Creme fest wird.

7. Torte dicht mit Aprikosenhälften belegen. Marmelade mit restlichem Rum verrühren und auf den Aprikosen verstreichen. Torte möglichst frisch servieren.

Mein Tipp:

(für 1 Springform, 26 cm Ø):

200 g Mehl

½ TL Backpulver

150 g Butter

170 g Zucker

1 Prise Salz

3 Eier

1 kg große Aprikosen

5 Blatt weiße Gelatine

⅛ l Weißwein

4 EL Rum

Saft von 1 Orange

Saft und abgeriebene Schale von ½ unbehandelten Zitrone

⅛ l Sahne

2 EL Aprikosenmarmelade

Schwarzwälder-Kirsch-Torte

(für 1 Springform, 26 cm Ø)

100 g Butter
100 g Zucker
3 Päckchen Vanillinzucker
4 Eier
70 g gemahlene Mandeln
100 g geriebene Bitterschokolade
50 g Mehl
50 g Speisestärke
2 TL Backpulver
7 EL Kirschwasser
½ l Sahne
750 g Sauerkirschen aus dem Glas
1 EL Schokostreusel
12 kandierte Kirschen
Fett für die Form

1. Boden einer Springform einfetten. Backofen auf 180 Grad vorheizen. Weiche Butter mit Zucker und 1 Päckchen Vanillinzucker schaumig rühren, Eier einzeln unterrühren, nach und nach Mandeln und Bitterschokolade zugeben. Mehl mit Speisestärke und Backpulver sieben und unterziehen.

2. Teig in die Form füllen, glatt streichen und auf der zweiten Schiene von unten 30–40 Minuten backen. Kuchen abkühlen lassen, auf ein Kuchengitter heben und mindestens 2 Stunden ruhen lassen.

3. Kuchen zweimal waagerecht durchschneiden. Unterste Platte mit Kirschwasser beträufeln. Sahne mit 2 Päckchen Vanillinzucker steif schlagen. Kirschen abtropfen lassen. Auf 2 Kuchenböden eine etwa 2 Zentimeter hohe Sahneschicht streichen, Kirschen darauf verteilen. Oberste Platte nur mit Sahne bestreichen, die Mitte mit Schokostreuseln garnieren. Mit restlicher Sahne 12 Rosetten am Rand aufspritzen. Jede Rosette mit einer kandierten Kirsche garnieren.

Mein Tipp:

Himbeer-Sahne-Torte

1. Butter mit Zucker und Mehl zu einem Mürbeteig verkneten, zu einer Kugel formen und in Folie gewickelt 2 Stunden kühl stellen. Ein Backblech mit Pergamentpapier auslegen, den Backofen auf 220 Grad vorheizen.

2. Eigelbe mit 50 Gramm Zucker schaumig rühren. Eiweiße mit restlichem Zucker steif schlagen und unterziehen. Mehl mit Stärke und Kakao darüber sieben und unterziehen. Teig auf das Pergamentpapier streichen und im heißen Ofen 10–15 Minuten backen. Auf ein mit Zucker bestreutes Tuch stürzen, Papier abziehen, Teig mit einem feuchten Tuch bedecken und auskühlen lassen. Backofentemperatur auf 190 Grad reduzieren.

3. Mürbeteig ausrollen, Boden einer Springform damit auslegen. Teig im heißen Ofen 15–20 Minuten backen. In der Form auskühlen lassen.

4. Himbeeren putzen, 200 Gramm mit einer Gabel zerdrücken, mit Rum mischen. Gelatine in wenig kaltem Wasser einweichen, ausdrücken, im Wasserbad unter Rühren auflösen. Sahne mit Zucker steif schlagen, abgekühlte Gelatine und zerdrückte Himbeeren unterziehen.

5. Biskuitplatte mit Himbeersahne bestreichen, der Länge nach in 5 Zentimeter breite Streifen schneiden. Einen Streifen zu einer Rolle formen, in die Mitte des Mürbteigs in der Springform legen. Übrige Biskuitstreifen vorsichtig um die mittlere Rolle legen, bis die Form gefüllt ist. Kuchen kühl stellen und fest werden lassen.

6. Sahne mit Zucker steif schlagen. Torte auf eine Platte heben, rundherum mit Sahne bestreichen. Mit restlicher Sahne mit einem Spritzbeutel Rosetten an den Rand spritzen, mit restlichen Himbeeren belegen. Mandelblättchen in die Mitte streuen.

Mein Tipp:

(für 1 Springform, 26 cm Ø)

Für den Mürbeteig:

100 g Butter
50 g Zucker
150 g Mehl

Für den Biskuitteig:

8 Eigelb
100 g Zucker
4 Eiweiß
80 g Mehl
20 g Speisestärke
40 g Kakaopulver
Zucker zum Bestreuen

Für die Füllung:

300 g Himbeeren
2 cl Rum
4 Blatt weiße Gelatine
½ l Sahne
70 g Zucker

Zum Garnieren:

¼ l Sahne
1 Päckchen Vanillinzucker
2 EL geröstete Mandelblättchen

Stachelbeertorte

(für 1 Springform, 26 cm Ø)

Für den Teig:

- **6 Eier**
- **150 g Zucker**
- **120 g Mehl**
- **60 g Speisestärke**
- **50 g gemahlene Mandeln**
- **50 g Butter**
- **Fett für die Form**

Für den Belag:

- **150 g Marzipan-Rohmasse**
- **2 EL Rum**
- **2 EL Puderzucker**
- **500 g Stachelbeeren**
- **4 EL Zucker**
- **4 Eiweiß**
- **170 g Zucker**
- **½ Vanillestange**
- **100 g geröstete Mandelblättchen**

1. Boden einer Springform einfetten. Backofen auf 190 Grad vorheizen. Eier trennen, Eigelbe mit 50 Gramm Zucker schaumig rühren. Eiweiße steif schlagen, restlichen Zucker unter Weiterschlagen langsam einrieseln lassen. Mehl mit Speisestärke sieben, mit Mandeln mischen. Eischnee unter die Eigelbmasse unterheben, Mehlmischung unterziehen. Butter schmelzen und lauwarm unterrühren. Teig in die Form füllen und im heißen Ofen 35–40 Minuten backen.

2. Kuchen auf einem Gitter mindestens 2 Stunden auskühlen lassen, einmal waagerecht durchschneiden. Marzipan mit Rum, Puderzucker und 4 Esslöffel Wasser glatt rühren. Auf den unteren Tortenboden streichen.

3. Stachelbeeren putzen und waschen. 4 Esslöffel Zucker in ⅛ Liter Wasser auflösen, aufkochen lassen, Stachelbeeren darin bei schwacher Hitze 10 Minuten garen. In einem Sieb abtropfen lassen. Backofen auf 250 Grad vorheizen. Zuckerlösung anderweitig verwenden.

4. Eiweiße mit 170 Gramm Zucker sehr steif schlagen, ausgekratztes Vanillemark unterziehen. Marzipanschicht mit Stachelbeeren belegen (16 Beeren beiseite stellen). Mit zweitem Tortenboden bedecken. Torte mit Eischnee bestreichen und 16 Eischneerosetten an den Tortenrand aufspritzen.

5. Baiser im heißen Ofen leicht bräunen lassen, aus dem Ofen nehmen. In jede Eischneerosette eine Stachelbeere setzen, Tortenrand und -mitte mit Mandelblättchen bestreuen. Torte vorsichtig auf ein Kuchengitter heben.

Mein Tipp:

Erdbeer-Rhabarber-Torte

1. 1 ¼ Liter Wasser mit Butter, Salz und Zucker aufkochen, vom Feuer nehmen, Mehl zuschütten und schnell unterrühren. Topf wieder auf die Platte stellen und bei schwacher Hitze weiterrühren, bis sich ein Teigkloß und ein weißer Belag am Topfboden bildet. Topf wieder von der Herdplatte nehmen und ein Ei unterrühren. Etwas abkühlen lassen, nacheinander restliche Eier unterrühren.

2. Backofen auf 220 Grad vorheizen. 2 Backbleche mit Backpapier auslegen. Mit Bleistift drei Kreise von je 24 Zentimetern Durchmesser markieren. Brandteig in einen Spritzbeutel füllen und die drei Kreise spiralförmig mit Teig ausspritzen. Böden im vorgeheizten Ofen 20 Minuten backen. Vom Papier lösen und auf einem Kuchengitter auskühlen lassen.

3. Rhabarber schälen und in Stücke schneiden. Erdbeeren waschen, putzen und halbieren. Gelatine kalt einweichen, Speisestärke kalt anrühren. Konfitüre aufkochen, Rhabarber zugeben und weich kochen. Erdbeeren und Speisestärke unterrühren und kurz aufkochen. Ausgedrückte Gelatine und die Zitronenschale einrühren. Masse erkalten lassen.

4. Weiße Gelatine nach Packungsangabe in kaltem Wasser einweichen, gut ausdrücken und bei schwacher Hitze in einem kleinen Topf auflösen. Inzwischen Sahne steif schlagen, Zucker einrieseln lassen. Etwas abgekühlte Gelatine und Rum unterziehen. 2 Tortenböden mit 3 dicken Sahneringen bespritzen, in die Zwischenräume die Fruchtmasse füllen. Böden übereinander setzen, dritten Boden darauf legen. Tortenrand mit Sahne bestreichen und mit Mandelblättchen bestreuen. Mit restlicher Sahne verzieren und mit Puderzucker bestäuben. Torte frisch servieren.

Mein Tipp:

(für 10 Stück)

Für den Teig:

125 g Butter
1 Prise Salz
1 Msp. Zucker
200 g Mehl
5–6 Eier

Für die Füllung:

500 g Rhabarber
500 g Erdbeeren
6 Blatt rote Gelatine
2 TL Speisestärke
200 g Erdbeerkonfitüre
1 TL abgeriebene unbehandelte Zitronenschale
4 Blatt weiße Gelatine
¾ l Sahne
45 g Zucker
2 EL Rum

Zum Garnieren:

30 g geröstete Mandelblättchen
Puderzucker

Prinzregententorte

(für 1 Springform, 26 cm Ø)

Für den Teig:

6 Eier
250 g Butter
230 g Zucker
2 Päckchen Vanillinzucker
1 Prise Salz
300 g Mehl
50 g Speisestärke
½ TL Backpulver
Fett für die Form

Für die Füllung:

⅛ l Sahne
200 g Zartbitter-Schokolade
200 g Butter
140 g Puderzucker

Für die Glasur:

200 g Kakaoglasur

1. Den Backofen auf 200 Grad vorheizen. Boden einer Springform einfetten. Eier trennen. Weiche Butter schaumig rühren, nach und nach Eigelbe, Zucker und Vanillinzucker unterrühren. Eiweiße mit Salz steif schlagen. Mehl mit Speisestärke mischen. Eischnee auf die Buttercreme gleiten lassen, Mehlgemisch darüber sieben und beides vorsichtig unterheben. Etwa 2 Esslöffel Teig auf dem Boden der Form verteilen. Im vorgeheizten Ofen 10 Minuten backen, vorsichtig ablösen und auf einem Kuchengitter auskühlen lassen. Aus restlichem Teig weitere 5 Böden backen.

2. Für die Füllung Sahne mit zerbröckelter Schokolade in einem Topf erhitzen und Schokolade unter Rühren schmelzen lassen. Butter mit Puderzucker schaumig rühren. Abgekühlte Schokoladensahne unterrühren.

3. Tortenböden mit Creme bestreichen und zusammensetzen. Torte in Alufolie einschlagen, mit einem Brett und einem Gegenstand darauf beschweren und mindestens 2 Stunden kühl stellen.

4. Glasur nach Packungsanweisung schmelzen und gekühlte Torte damit bestreichen. Beginnt die Glasur zu erstarren, 16 Tortenstücke markieren.

Im Umluftherd lassen sich je 2 Böden auf einmal backen.

Mein Tipp:

Geburtstagstorte

1. Backofen auf 200 Grad vorheizen. Eier trennen. Eigelbe mit 2 Esslöffel warmem Wasser und Zucker schaumig schlagen, Orangenschale unterrühren. Eiweiße steif schlagen und auf die Eigelbcreme geben. Mehl mit Speisestärke und Backpulver mischen und auf den Eischnee sieben, vorsichtig unterziehen. Eine Springform am Boden einfetten. Teig einfüllen, glatt streichen und im heißen Ofen auf mittlerer Schiene 35 Minuten backen. Tortenboden auf einem Kuchengitter auskühlen lassen.

2. Milch, Orangenschale, Orangensaft und Hälfte des Zuckers aufkochen. Speisestärke mit wenig kaltem Wasser anrühren, in die Milch rühren und aufkochen lassen. Vom Feuer nehmen und etwas Creme mit dem Eigelb verquirlen, wieder in die Creme rühren. Creme im Wasserbad abkühlen lassen, dabei öfters umrühren. Butter mit restlichem Zucker schaumig rühren und kalte Creme esslöffelweise unterrühren.

3. Tortenboden zweimal durchschneiden. Böden mit ⅔ der Creme bestreichen und aufeinander setzen. Rand mit Hälfte der restlichen Creme bestreichen. Rand der Oberfläche mit Mandeln bestreuen. 12 Tortenstücke markieren. Restliche Creme mit einem Spritzbeutel als Tupfen auf die einzelnen Tortenstücke spritzen. In jeden Tupfer eine halbe kandierte Orangenscheibe stecken. Torte vor dem Servieren kühl stellen.

Mein Tipp:

(für 1 Springform, 24 cm Ø)

Für den Teig:

4 Eier
175 g Zucker
abgeriebene Schale von ½ unbehandelten Orange
100 g Mehl
100 g Speisestärke
1 TL Backpulver
Fett für die Form

Für die Creme:

¼ l Milch
abgeriebene Schale von 1 unbehandelten Orange
¼ l Orangensaft
150 g Zucker
30 g Speisestärke
1 Eigelb
250 g Butter

Zum Garnieren:

100 g gehackte gehäutete Mandeln
6 kandierte Orangenscheiben

Erdbeertorte mit Rum

(für 1 Springform, 26 cm Ø)

- **120 g Mehl**
- **½ TL Backpulver**
- **1 Ei**
- **1 Päckchen Vanillinzucker**
- **1 Prise Salz**
- **50 g Zucker**
- **75 g Butter**
- **4 Blatt weiße Gelatine**
- **30 g Speisestärke**
- **¼ l Milch**
- **2 EL Zucker**
- **6 EL Rum**
- **¼ l Sahne**
- **500 g Erdbeeren**
- **Fett für die Form**

1. Mehl mit Backpulver mischen und in eine Schüssel sieben. Ei, Vanillinzucker, Salz, Zucker und Butter in Flocken zugeben. Alles rasch zu einem Mürbeteig kneten. Teig zu einer Kugel formen, zugedeckt 30 Minuten kühl stellen.

2. Den Backofen auf 220 Grad vorheizen. Eine Springform einfetten. Teig ausrollen und Boden der Form damit auslegen. Teigrand leicht hochdrücken und Teigboden mehrmals mit einer Gabel einstechen. Im heißen Ofen 20 Minuten backen.

3. Inzwischen Gelatine nach Packungsangabe einweichen. Speisestärke mit 6 Esslöffel kalter Milch anrühren. Restliche Milch aufkochen, Speisestärke einrühren, Milch unter ständigem Rühren aufkochen und andicken lassen. Beiseite stellen und abkühlen lassen.

4. Zucker und Rum unter die abgekühlte Creme rühren. Gelatine gut ausdrücken, in einem kleinen Topf auflösen und sofort in die noch heiße Creme rühren. Creme abgedeckt etwa 1 Stunde kühl stellen.

5. Sobald die Creme fest zu werden beginnt, Sahne steif schlagen und unterziehen. Erdbeeren putzen, waschen, trockentupfen und halbieren.

6. Ausgekühlten Tortenboden mit der Creme bestreichen und mit Erdbeeren belegen. Erdbeertorte etwa 1 Stunde kühl stellen. Noch am selben Tag servieren.

Mein Tipp:

Quark-Kirschen-Strudel

1. Aus Mehl, Salz, Öl, Essig und 150 Milliliter lauwarmem Wasser einen elastischen Teig kneten. Mindestens 10 Minuten durchkneten und abschlagen. Zu einer Kugel formen, einfetten, in Folie wickeln und 1 Stunde ruhen lassen.

2. Kirschen waschen, trocknen und entkernen (geht gut mit einem Kirschentsteiner). Quark mit Zucker und Zitronenschale verrühren. Eier trennen, Eigelbe unterrühren und Eiweiße mit Salz steif schlagen. Unter den Quark ziehen.

3. Backofen auf 180 Grad vorheizen. Paniermehl in 30 Gramm Butter anrösten. Teig auf einem bemehlten Küchentuch dünn ausrollen, mit den Handrücken hauchdünn ausziehen. Gleichmäßig mit Paniermehl bestreuen. Hintereinander Quarkfüllung, Kirschen und Mandelstifte auf dem Teig verteilen. Teigränder einschlagen und Strudel mit Hilfe des Tuches einrollen. Mit der Nahtstelle nach unten auf ein gefettetes Blech gleiten lassen.

4. Restliche Butter zerlassen und Strudel damit einstreichen. Im vorgeheizten Ofen 30–35 Minuten backen. Auskühlen lassen und mit Puderzucker bestäuben.

Mein Tipp:

Für den Teig:

- **300 g Mehl**
- **1 Prise Salz**
- **5 EL Öl**
- **1 EL Weißweinessig**

Für die Füllung:

- **350 g Sauerkirschen**
- **250 g Quark (20 % Fett)**
- **60 g Zucker**
- **1 TL abgeriebene unbehandelte Zitronenschale**
- **2 Eier**
- **1 Prise Salz**
- **50 g Butter**
- **50 g geröstetes Paniermehl**
- **50 g Mandelstifte**
- **Puderzucker zum Bestäuben**

Quarkstrudel mit Aprikosen

Für den Teig:

- 250 g Mehl
- 1 Prise Salz
- 1–2 EL zerlassene Butter oder Öl
- 2 Eigelb
- zerlassene Butter zum Bestreichen

Für die Füllung:

- 1 kg Quark (20 % Fett)
- 180 g Zucker
- 30 g Butter
- 2 Eier
- 2 Eigelb
- abgeriebene Schale von 1 unbehandelten Zitrone
- 200 g reife Aprikosen
- 100 g zerlassene Butter
- 100 g geröstetes Paniermehl
- Puderzucker zum Bestäuben

1. Mehl mit Salz, Fett, Eigelben und etwa ⅛ Liter lauwarmem Wasser verkneten, bis ein weicher, geschmeidiger Teig entsteht. Teig abschlagen, bis er sich vom Schüsselrand löst. Auf bemehlter Arbeitsfläche durchwalken und immer wieder auf die Arbeitsfläche werfen, bis der Teig elastisch und glänzend ist. Teigkugel einfetten und 1 Stunde abgedeckt ruhen lassen.

2. Backofen auf 220 Grad vorheizen. Quark in einem Sieb abtropfen lassen. Zucker, Butter, Eier und Eigelbe schaumig rühren. Zitronenschale unterrühren. Aprikosen waschen, entsteinen und würfeln. Quark durch ein Sieb passieren und unter die Schaummasse rühren, Aprikosen untermischen.

3. Teig auf einem bemehlten Küchentuch dünn ausrollen und mit den Handrücken hauchdünn ausziehen. Auf das Tuch legen und Ränder dünn ausziehen. Teig mit flüssiger Butter bestreichen und mit Paniermehl bestreuen. Auf der halben Teigfläche Füllung verstreichen, dabei einen Rand lassen. Küchentuch an der Längsseite (mit der Füllung) anheben und Strudel aufrollen. Teig an den Seiten einschlagen und Strudel mit der Nahtstelle nach unten in eine gefettete Form legen.

4. Strudel dick mit Butter einstreichen und im vorgeheizten Ofen 45–55 Minuten backen. 10 Minuten auskühlen lassen. Mit Puderzucker bestäuben und in Scheiben schneiden.

Mein Tipp:

Käse-Schinken-Hörnchen

1. Blätterteig nach Packungsangabe auftauen. Backofen auf 220 Grad vorheizen. Blätterteig auf bemehlter Arbeitsfläche zu einer Platte von etwa 45 mal 25 Zentimeter ausrollen. Platte in spitze Dreiecke mit je 2 langen Seiten schneiden.

2. Käse und Schinken in kleine Würfel schneiden. Mit 1 Eigelb, Petersilie und Zwiebeln mischen, mit Pfeffer würzen. Füllung auf die Teigdreiecke verteilen. Die kurzen Seiten der Dreiecke je mit einem Einschnitt versehen, Dreiecke zu Hörnchen aufrollen.

3. Ein Backblech kalt abspülen, Hörnchen darauf setzen, mit verquirltem Eigelb bestreichen und 15 Minuten ruhen lassen. Hörnchen auf zweiter Einschubleiste von unten 12–15 Minuten backen. Auf einem Kuchengitter auskühlen lassen, frisch servieren.

(für etwa 10 Stück)

- **300 g Blätterteig (tiefgekühlt)**
- **100 g Greyerzer**
- **100 g gekochter Schinken**
- **2 Eigelb**
- **je 1 EL gehackte Petersilie und Frühlingszwiebel**
- **Pfeffer aus der Mühle**
- **Mehl für die Arbeitsfläche**

Mein Tipp:

Käsetörtchen

1. Mehl auf ein Backbrett sieben, Butter in Stückchen darauf schneiden, Ei, Salz und 1–2 Esslöffel kaltes Wasser zugeben und alles zu einem Mürbeteig verkneten. Teig in Folie gewickelt 2 Stunden kühl stellen.

2. Backofen auf 200 Grad vorheizen. Käse mit Milch, Sahne, Eiern und Gewürzen verrühren. Teig auf bemehlter Arbeitsfläche etwa 2 Millimeter dick ausrollen. 16 Kreise mit einem Durchmesser von 12,5 Zentimetern ausstechen. 16 gefettete Pastetenförmchen damit auslegen.

3. Förmchen bis zum Rand mit Käsemasse füllen. Im heißen Ofen auf mittlerer Schiene 25–30 Minuten backen. Am besten noch heiß servieren.

(für 16 Stück)

- **250 g Mehl**
- **125 g Butter**
- **1 kleines Ei**
- **1 Prise Salz**
- **600 g geriebener würziger Hartkäse (etwa Emmentaler)**
- **⅛ l Milch**
- **⅛ l Sahne**
- **4 Eier**
- **je 1 Prise weißer Pfeffer und geriebene Muskatnuss**
- **Mehl für die Arbeitsfläche**
- **Fett für die Förmchen**

Mein Tipp:

Herbst

Zwetschgen-Krümel-Kuchen

(für 1 Blech)

- **270 g Butter**
- **325 g Zucker**
- **1 Teelöffel gemahlener Zimt**
- **1 Prise Salz**
- **2 Eier**
- **300 g Weizenmehl**
- **200 g Dinkelmehl (Type 1050)**
- **1 Päckchen Backpulver**
- **250 g Quark (20 % Fett)**
- **1 TL abgeriebene unbehandelte Zitronenschale**
- **1 EL Speisestärke**
- **1 ½ kg Zwetschgen**
- **Fett für das Blech**

1. 250 Gramm zimmerwarme Butter in einer Schüssel schaumig rühren. 250 Gramm Zucker, Zimt, Salz und Eier unterrühren.

2. Beide Mehlsorten mit dem Backpulver mischen und sieben. Die halbe Menge Mehl unter die Schaummasse ziehen, die andere Hälfte so mit den Händen unterarbeiten, dass ein krümeliger Teig entsteht.

3. Ein Backblech einfetten. ⅔ des Streuselteigs darauf verteilen und festdrücken. Den Backofen auf 180 Grad vorheizen.

4. 20 Gramm Butter schmelzen. Mit Quark, 75 Gramm Zucker, Zitronenschale und Speisestärke verrühren. Quarkcreme auf den Teig streichen.

5. Zwetschgen mit einem Tuch abreiben, halbieren, entsteinen und gleichmäßig auf der Quarkmasse verteilen. Restlichen Teig als Streusel darüber geben.

6. Den Kuchen im heißen Backofen 50–55 Minuten backen. In etwa 16 Stücke teilen, auf einem Kuchengitter auskühlen lassen. Noch am selben Tag servieren.

Dieses Rezept schmeckt auch ausgezeichnet mit Aprikosen oder Äpfeln.

Mein Tipp:

Versunkener Pflaumenkuchen

1. Pflaumen waschen, abreiben, halbieren und entsteinen. Den Backofen auf 180 Grad vorheizen.

2. Weiche Butter mit Zucker und Vanillinzucker schaumig rühren, Eier einzeln unterrühren. Mehl mit Backpulver und Mandeln mischen und nach und nach unterrühren.

3. Eine Springform einfetten, Teig einfüllen, glatt streichen. Pflaumen mit der Schnittfläche nach oben auf den Teig legen. Kuchen im heißen Ofen auf mittlerer Schiene etwa 1 Stunde backen.

4. Kuchen auf ein Kuchengitter heben, auskühlen lassen und mit Puderzucker besieben.

Mein Tipp:

(für 1 Springform, 24 cm Ø)

- **700 g Pflaumen**
- **125 g Butter**
- **100 g Zucker**
- **2 Päckchen Vanillinzucker**
- **2–3 Eier**
- **175 g Mehl**
- **1 gestrichener TL Backpulver**
- **100 g gemahlene Mandeln**
- **Fett für die Form**
- **Puderzucker zum Besieben**

Zwetschgenkuchen mit Guss

(für etwa 20 Stück)

Für den Teig:

- 250 g Magerquark
- 10 EL Milch
- 10 EL Sonnenblumenöl
- Saft und abgeriebene Schale von 1 unbehandelten Zitrone
- 125 g Zucker
- 1 Päckchen Vanillinzucker
- 500 g Mehl
- 1 ½ Päckchen Backpulver
- Fett für das Blech

Für den Belag:

- etwa 1 kg Zwetschgen
- 4 Eier
- 80 g Zucker
- 2 Päckchen Vanillinzucker
- 80 g Mehl
- 100 g Mandelblättchen

1. Quark mit Milch, Öl, Zitronensaft und -schale, Zucker und Vanillinzucker verrühren. Mehl mit Backpulver sieben, nach und nach unterrühren.

2. Fettpfanne des Backofens einfetten, Teig hineingeben und mit einem Teigroller gleichmäßig ausrollen, Rand etwas hochdrücken.

3. Zwetschgen waschen und abreiben, zur Hälfte aufschneiden, entsteinen und schuppenförmig auf dem Teig anordnen. Mit etwas Zucker bestreuen. Backofen auf 180 Grad vorheizen.

4. Für den Guss Eier trennen, Eiweiße zu steifem Schnee schlagen, restlichen Zucker und Vanillinzucker langsam einrieseln lassen und unterschlagen. Eigelbe unterziehen. Mehl darüber sieben und mit einem Schneebesen unterheben. Masse gleichmäßig auf den Zwetschgen verteilen, Mandelblättchen darüber streuen.

5. Kuchen im heißen Ofen etwa 30 Minuten backen (mit einem Holzstäbchen eine Garprobe machen), noch warm in rechteckige Stücke schneiden und auf einem Kuchengitter auskühlen lassen.

Mein Tipp:

Einfacher Zwetschgenkuchen

(für 1 Springform, 26 cm Ø)

- 300 g Mehl
- 200 g Butter
- 100 g Zucker
- 1 Ei
- 1 Msp. Backpulver
- 1 Prise Salz
- 1 ½ kg reife Zwetschgen
- 2 EL Hagelzucker

1. Mehl auf eine Arbeitsplatte sieben, Butter in Flöckchen darauf verteilen. Zucker darüber streuen und Ei in die Mitte geben. Alles mit einem Messer durchhacken, rasch zu einer Teigkugel zusammenkneten. Teig zugedeckt 2 Stunden in den Kühlschrank stellen.

2. Zwetschgen waschen, zur Hälfte einschneiden, entsteinen und vierteln, so dass sie an einer Seite noch zusammenhängen. Backofen auf 220 Grad vorheizen.

3. Teig auf bemehlter Arbeitsfläche ausrollen und Boden und Rand einer Springform Durchmesser damit auskleiden. Teigboden mehrmals mit einer Gabel einstechen und gleichmäßig rosettenförmig mit Zwetschgen belegen. Mit Hagelzucker bestreuen und im heißen Ofen 20–30 Minuten backen.

4. Kuchen auf einem Kuchengitter auskühlen lassen. Mit Schlagsahne frisch servieren.

Mein Tipp:

Heidelbeerkuchen mit Baiser

(für 1 Springform, 26 cm Ø)

- **450 g Heidelbeeren**
- **80 g Zucker**
- **250 g Mehl**
- **1 Prise Salz**
- **125 g Butter**
- **1 Ei**
- **2 Päckchen Vanillinzucker**
- **2 TL Speisestärke**
- **1 EL Zucker**
- **3 Eiweiß**
- **½ Tasse Heidelbeer- oder Preiselbeermarmelade**
- **6 EL Puderzucker**

1. Heidelbeeren verlesen, waschen, abtropfen lassen und mit etwas Zucker bestreuen.

2. Mehl sieben, mit Salz, Butter in Flöckchen, Ei, Vanillinzucker und Zucker zu einem Mürbeteig verkneten. Zu einer Kugel formen und in Folie gewickelt 1–2 Stunden kühl stellen.

3. Speisestärke mit wenig kaltem Wasser anrühren. Mit Heidelbeeren und restlichem Zucker in einem Topf unter Rühren zum Kochen bringen, beiseite stellen und abkühlen lassen. Backofen auf 180 Grad vorheizen.

4. Teig ausrollen und eine Springform damit auslegen, dabei einen Rand formen. Teigboden mehrmals mit einer Gabel einstechen. Im heißen Ofen 15 Minuten backen, in der Form etwas abkühlen lassen.

5. Marmelade auf den abgekühlten Teig streichen. Heidelbeeren darüber füllen.

6. Eiweiße mit Puderzucker zu steifem Schnee schlagen. In einen Spritzbeutel füllen und ein Gitter über die Beeren spritzen. Baisermasse im heißen Ofen überbacken, bis sie leicht gebräunt ist. Kuchen auf einem Kuchengitter auskühlen lassen.

Mein Tipp:

Apfel-Gitter-Kuchen

1. Mehl sieben, mit Butter in Flöckchen, 150 Gramm Zucker, Ei und Zitronenschale zu einem Mürbeteig verkneten. Zugedeckt 2 Stunden kühl stellen. Äpfel schälen, vierteln, vom Kernhaus befreien, in dünne Scheiben schneiden und mit Zitronensaft, Rosinen, 50 Gramm Zucker und Zimt mischen. Backofen auf 200 Grad vorheizen. Teig ausrollen, Boden und Rand einer Springform damit auslegen (etwas Teig für das Gitter beiseite legen). Teigboden mit einer Gabel mehrmals einstechen. Äpfel darauf verteilen.

3. Eier mit Sahne verquirlen, Vanillinzucker und Puddingpulver unterrühren, über die Äpfel gießen. Übrigen Teig ausrollen, in Streifen schneiden und gitterförmig über den Kuchen legen. Kuchen im heißen Ofen 50–60 Minuten backen. In der Form etwas abkühlen lassen, auf einem Kuchengitter auskühlen lassen.

Mein Tipp:

(für 1 Springform, 26 cm Ø)

- **300 g Mehl, 200 g Butter**
- **150 g Zucker, 1 Ei**
- **abgeriebene Schale von 1 unbehandelten Zitrone**
- **1 kg säuerliche Äpfel (etwa Boskop)**
- **Saft von 1 Zitrone**
- **50 g Rosinen, 50 g Zucker**
- **½ TL gemahlener Zimt**
- **2 Eier, 3 EL Sahne**
- **1 Päckchen Vanillinzucker**
- **1 EL Vanille-Puddingpulver**

Apfel-Walnuss-Kuchen

1. Mehl mit Backpulver sieben, mit Butter in Flöckchen, 50 Gramm Zucker, 1 Prise Salz und Milch zu einem Teig verkneten. Teig zugedeckt 1 Stunde kühl stellen. Äpfel schälen, vierteln, vom Kernhaus befreien, raspeln, mit 4 Esslöffel Zitronensaft und -schale, 120 Gramm Zucker, Zimt, Rosinen und Walnüssen vermischen. Backofen auf 200 Grad vorheizen.

2. ¾ des Teigs ausrollen, Boden und Rand eines gefetteten Blechs damit auslegen. Apfelmischung darauf verteilen. Restlichen Teig ausrollen, in Streifen schneiden und als Gitter über den Kuchen legen. Mit verquirltem Eigelb bestreichen. Im heißen Ofen 30 Minuten backen. Teiggitter mit erhitzter Marmelade bestreichen. Puderzucker mit 2 Esslöffel Zitronensaft verrühren, Gitter damit glasieren. Kuchen in Rechtecke schneiden und auf einem Kuchengitter auskühlen lassen.

Mein Tipp:

(für 1 großes Backblech)

- **600 g Mehl, Salz**
- **1 Päckchen Backpulver**
- **200 g Butter, 170 g Zucker**
- **¼ l Milch**
- **1 ½ kg Äpfel**
- **6 EL Zitronensaft**
- **abgeriebene Schale von 1 unbehandelten Zitrone**
- **1 TL gemahlener Zimt**
- **100 g Rosinen**
- **100 g gehackte Walnusskerne**
- **1 Eigelb**
- **200 g Aprikosenmarmelade**
- **100 g Puderzucker**
- **Fett für das Blech**

Gedeckter Apfelkuchen

(für 1 Springform, 26 cm Ø)

- **300 g Mehl**
- **250 g Zucker**
- **150 g Butter**
- **2 Eier**
- **1 Prise Salz**
- **500 g Äpfel**
- **Saft von 1 Zitrone**
- **½ TL gemahlener Zimt**
- **2 EL Apfelsaft**
- **50 g Rumrosinen**
- **75 g Mandelblättchen**
- **1 Eigelb**
- **2 EL Aprikosenmarmelade**
- **50 g Puderzucker**
- **2 EL Rum**

1. Mehl sieben, mit 150 Gramm Zucker, Butter in Flöckchen, Eiern und Salz zu einem Mürbeteig verkneten. Teig zugedeckt 2 Stunden kühl stellen.

2. Backofen auf 200 Grad vorheizen. ⅔ des Teigs ausrollen, Boden und Rand einer Springform damit auslegen. Teigboden mehrmals einstechen und im heißen Ofen 15 Minuten backen.

3. Inzwischen Äpfel schälen und vierteln, vom Kernhaus befreien und mit 100 Gramm Zucker, Zitronensaft, Zimt, Apfelsaft 10 Minuten dünsten. Rosinen und Mandelblättchen untermischen. Restlichen Teig in passender Größe als Teigdeckel ausrollen.

4. Apfelmasse auf den vorgebackenen Teig füllen, mit der Teigplatte abdecken, mit verquirltem Eigelb bestreichen und Kuchen im heißen Ofen 30 Minuten backen.

5. Kuchen in der Form abkühlen lassen, mit erhitzter Marmelade bestreichen, trocknen lassen. Puderzucker mit Rum verrühren, Kuchen damit glasieren und wieder trocknen lassen. Mit Schlagsahne servieren.

Mein Tipp:

Ausgezogene

1. Mehl in eine Schüssel sieben, in die Mitte eine Mulde drücken. Hefe in eine Tasse bröckeln, mit etwas Milch und 1 Teelöffel Zucker verrühren, in die Mulde gießen und mit wenig Mehl verrühren. Etwa 10 Minuten gehen lassen.

2. Restliche Milch, restlichen Zucker, weiche Butter in Stückchen, Eier und Salz in die Schüssel geben und alles zu einem Hefeteig abschlagen. Teig gründlich kneten, zu einer Kugel formen und abgedeckt an einem warmen Ort etwa 1 Stunde gehen lassen.

3. Teig nochmals kurz durchkneten. Mit einem Esslöffel Teigstücke abnehmen, mit der Hand leicht flach drücken. Teigstücke auf eine bemehlte Arbeitsfläche legen, leicht mit Mehl bestäuben, abdecken und etwa 30 Minuten ruhen lassen.

4. Butterschmalz in einer tiefen großen Pfanne oder in einer Fritteuse erhitzen. Teigstücke so durch die Finger ziehen, dass der Teig in der Mitte hauchdünn, an den Rändern wulstig wird. Im heißen Fett goldgelb und knusprig backen. Einmal umdrehen.

5. Ausgezogene in einem Sieb abtropfen lassen oder nach Wunsch auf Küchenpapier entfetten. Dick mit Puderzucker besieben und frisch servieren.

Mein Tipp:

(für 20 Stück)

500 g Mehl
30 g frische Hefe
¼ l lauwarme Milch
50 g Zucker
40 g Butter
3 Eier
Salz
1 kg Butterschmalz
Mehl für die Arbeitsfläche
Puderzucker zum Bestäuben

Donauwellen

(für ½ Backblech)

- **450 g Butter**
- **350 g Zucker**
- **5 Eier**
- **400 g Mehl**
- **1 Päckchen Backpulver**
- **Saft von ½ Zitrone**
- **1 EL Rum**
- **200 g entsteinte Sauerkirschen (aus dem Glas)**
- **4 EL Kakaopulver**
- **4 EL Milch**
- **½ l Milch**
- **1 Päckchen Vanille-Puddingpulver**
- **200 g Schokoladenglasur**
- **Fett für das Blech**

1. Den Backofen auf 200 Grad vorheizen. 300 Gramm weiche Butter, 300 Gramm Zucker und Eier schaumig schlagen. Mehl mit Backpulver mischen, nach und nach einrühren. Zitronensaft und Rum unterrühren.

2. Ein Backblech reichlich einfetten, mit einem Alustreifen teilen. Halbe Menge des Teigs auf dem halben Blech verteilen. Sauerkirschen abtropfen lassen (Saft auffangen).

3. Kakaopulver mit 4 Esslöffel Milch verquirlen, unter den restlichen Teig rühren. Auf dem hellen Teig gleichmäßig verteilen. Sauerkirschen darüber streuen, leicht eindrücken. Kuchen im heißen Ofen etwa 35 Minuten backen.

4. Inzwischen 4 Esslöffel Milch mit Puddingpulver und restlichem Zucker verrühren. Restliche Milch zum Kochen bringen, Puddingpulver einrühren, bei mittlerer Hitze unter Rühren aufkochen. Von der Herdplatte nehmen und etwas abkühlen lassen, dabei öfters umrühren. Restliche Butter nach und nach unterrühren.

5. Kuchen auf dem Blech abkühlen lassen, Puddingcreme gleichmäßig darauf verstreichen, etwa 5 Minuten antrocknen lassen.

6. Schokoglasur nach Packungsanweisung im Wasserbad auflösen. Dünn auf der Puddingcreme verteilen. Zuletzt mit einer Gabel in wellenförmigen Streifen „Donauwellen" in die Glasur einritzen. Kuchen in Rechtecke teilen und auf ein Kuchengitter heben. Glasur trocknen lassen.

Mein Tipp:

Bienenstich

1. Ein Backblech einfetten. Mehl in eine Schüssel sieben, eine Mulde in die Mitte drücken. Hefe hineinbröckeln, mit etwas Zucker, Milch und Mehl zu einem Vorteig rühren und abgedeckt an einem warmen Ort 15 Minuten gehen lassen.

2. Eier, restlichen Zucker, weiche Butter, restliche Milch und Salz zum Vorteig geben und alles zu einem Hefeteig abschlagen, bis sich der Teig vom Schüsselboden löst und Blasen wirft. Abgedeckt nochmals 15 Minuten gehen lassen.

3. Backofen auf 200 Grad vorheizen. Butter mit Zucker, Vanillinzucker und Mandelstiften bei mittlerer Hitze in einer Pfanne verrühren, bis der Zucker karamellisiert. 1–2 Esslöffel Sahne unterrühren und abkühlen lassen.

4. Teig kurz durchkneten, in Größe des Backblechs ausrollen, auf das Blech legen und mit Mandelkrokant bestreichen. Im heißen Ofen 30 Minuten backen.

5. Inzwischen aus ½ Liter Milch mit Puddingpulver nach Packungsangabe einen Pudding kochen, auskühlen lassen. Sahne steif schlagen und unter den abgekühlten Pudding ziehen.

6. Kuchen auf einem Kuchengitter auskühlen lassen, erkaltet in Vierecke schneiden, waagerecht halbieren, mit Puddingcreme füllen und wieder zusammensetzen.

Mein Tipp:

(für 20 Stück)

Für den Teig:

500 g Mehl
1 Würfel frische Hefe (42 g)
50 g Zucker
¼ l lauwarme Milch
2 Eier
50 g Butter
1 Prise Salz
Fett für das Blech

Für den Belag:

100 g Butter
150 g Zucker
1 Päckchen Vanillinzucker
200 g Mandelstifte
150 ml Sahne
½ l Milch
1 Päckchen Vanille-Puddingpulver

Bobbes

(für etwa 20 Stück)

250 g Butter
150 g Puderzucker
2 Eigelb, 1 Prise Salz
400 g Mehl
200 g Marzipan-Rohmasse
4 cl Rum
80 g fein gehacktes Zitronat
50 g fein gehacktes Orangeat
40 g Rosinen
50 g Mandelblättchen
1 Eigelb zum Bestreichen

1. Weiche Butter mit gesiebtem Puderzucker, Eigelben und Salz verrühren. Mehl darüber sieben und alles rasch zu einem Mürbeteig verkneten. Teig in Folie gewickelt 1–2 Stunden kühl stellen.

2. Teig auf bemehlter Arbeitsfläche ½ Zentimeter dick ausrollen. Backofen auf 200 Grad vorheizen. Marzipan mit Rum zu einer weichen Masse verrühren, bei Bedarf etwas Wasser zugeben. Marzipan auf die Teigplatte streichen, mit Zitronat, Orangeat, Rosinen und Mandelblättchen bestreuen. Teig von der Längsseite her aufrollen und in 3 Zentimeter dicke Scheiben schneiden.

3. Scheiben hochkant auf ein Backblech setzen und mit Eigelb bestreichen. Auf unterer Schiene im heißen Ofen etwa 30 Minuten backen. Bobbes auf einem Kuchengitter auskühlen lassen.

Mein Tipp:

Cremeschnitten

1. Blätterteig nach Packungsanweisung auftauen lassen. Teigplatten vierteln und auf ein kalt abgespültes Blech legen. Mit einem Holzstab mehrmals einstechen; Ruhezeit von 15 Minuten. Den Backofen auf 220 Grad vorheizen.

2. Blätterteig im heißen Ofen 15 Minuten backen. Inzwischen für die Glasur Puderzucker mit Rum und Zitronensaft verrühren. Heiße Teigstücke quer durchschneiden und die oberen Hälften jeweils mit Glasur bestreichen, trocknen und auskühlen lassen.

3. Für die Füllung Milch mit ausgekratztem Mark der Vanillestange und Salz aufkochen lassen. Stärke mit wenig Wasser kalt anrühren. Milch vom Feuer nehmen, Stärke einrühren, unter Rühren kurz aufkochen lassen. Eigelb mit Zucker schaumig rühren, unter die abgekühlte Creme rühren.

4. Gelatine nach Packungsangabe kalt einweichen, ausdrücken, bei schwacher Hitze auflösen und unter die Creme rühren. Beginnt die Creme fest zu werden, Sahne steif schlagen und unterziehen. Creme in eine schmale, rechteckige Form füllen und erkalten lassen.

5. Kalte Creme mit einem nassen Messer in Scheiben schneiden. Auf den unteren Teighälften verteilen und mit je einem Teigdeckel bedecken. Dick mit Puderzucker besieben und sofort servieren.

Mein Tipp:

(für etwa 10 Stück)

- **300 Blätterteig (tiefgekühlt)**
- **125 g Puderzucker**
- **2 cl Rum**
- **1–2 TL Zitronensaft**
- **¼ l Milch**
- **¼ Vanillestange**
- **1 Prise Salz**
- **20 g Speisestärke**
- **4 Eigelb**
- **50 g Zucker**
- **5 Blatt weiße Gelatine**
- **⅛ l Sahne**

Brandteigringe

(für etwa 10 Stück)

Für den Teig:

50 g Butter

1 Prise Salz

150 g Mehl

4–5 Eier

Butter und Mehl für das Blech

Zum Füllen:

½ l Sahne

2 Päckchen Vanillinzucker

Puderzucker zum Bestäuben

1. Backofen auf 220 Grad vorheizen. ¼ Liter Wasser, Butter und Salz aufkochen, vom Feuer nehmen und Mehl dazuschütten, schnell unterrühren. Topf wieder auf die Platte stellen und Masse bei geringer Hitze so lange rühren, bis sich ein Kloß und eine weiße Haut am Topfboden bilden. Topf vom Feuer nehmen und ein Ei unterrühren.

2. Teig 5 Minuten abkühlen lassen. Restlichen Eier einzeln unterrühren. Der Teig soll in dicken Zapfen am Löffel hängen.

3. Ein Backblech einfetten und mit Mehl bestäuben. Teig in einen Spritzbeutel füllen und auf das Blech dicke Ringe von 5 Zentimeter Durchmesser spritzen.

4. Ringe im vorgeheizten Ofen 45 Minuten backen, abkühlen lassen und quer durchschneiden.

5. Sahne steif schlagen und mit Vanillinzucker süßen. Brandteigringe mit Sahne füllen und dick mit Puderzucker besieben, frisch servieren.

Die Ringe können auch mit Vanillecreme gefüllt werden.

Mein Tipp:

Puddingschnitten

1. In einem Topf Butter zerlassen, 200 g Mehl dazuschütten und unterrühren, aufkochen lassen und Zucker einrühren. Milch mit Zimtstange, Zitronen- und Orangenschale aufkochen lassen, zur Butter-Mehl-Mischung rühren. Eier trennen. Topf vom Feuer nehmen, Zimtstange und Zitrusschalen entfernen. Eigelbe mit dem elektrischen Handrührgerät unter den Teig rühren.

2. Eine Kastenform einfetten, Teig einfüllen und über Nacht mit Folie abgedeckt in den Kühlschrank stellen. Am nächsten Tag Teig in Scheiben, dann in Dreiecke schneiden. Eiweiße in einem tiefen Teller verschlagen. Restliches Mehl und Paniermehl auf zwei Teller verteilen. Reichlich Butterschmalz in einer tiefen Pfanne erhitzen. Dreiecke nacheinander in Mehl, Eiweiß und Paniermehl wenden.

3. Schnitten im heißen Fett beidseitig goldgelb und knusprig ausbacken. Mit etwas Zimt und Zucker bestreuen und frisch servieren.

Mein Tipp:

(für etwa 20 Stück)

145 g Butter
250 g Mehl
125 g Zucker
¼ l Milch
½ Zimtstange
1 Stück unbehandelte Zitronenschale
1 Stück unbehandelte Orangenschale
4 Eier
Fett für die Form
100 g Paniermehl
Butterschmalz zum Ausbacken
Zimt und Zucker zum Bestreuen

Walnussbiskuits

1. Backofen auf 180 Grad vorheizen. Weiche Butter, Puderzucker und Vanillinzucker schaumig rühren, verquirltes Ei unterrühren. Backpulver mit Mehl mischen und langsam unter die Schaummasse rühren. Walnüsse unterziehen, Teig zu einer Kugel formen.

2. Aus dem Teig walnussgroße Kugeln formen. Zwei Backbleche einfetten und bemehlen. Teigkugeln mit reichlich Abstand auf die Bleche setzen. Im vorgeheizten Ofen in 20–25 Minuten hellbraun backen.

3. Biskuits auf einem Kuchengitter auskühlen lassen. Mit reichlich Puderzucker besieben.

Mein Tipp:

(für etwa 25 Stück):

225 g Butter
75 g Puderzucker
3 Päckchen Vanillinzucker
450 g Mehl
1 Eigelb
1 TL Backpulver
75 g gehackte Walnüsse
Fett und Mehl für das Blech
Puderzucker zum Bestäuben

Früchteröllchen

(für 12 Stück)

80 g Trockenpflaumen (entsteint)
100 g Sultaninen
100 g getrocknete Feigen
2 Äpfel
30 g Mandeln
40 g Walnusskerne
20 g Haselnusskerne
30 g Mandelstifte
4 EL Marsala (oder anderer Dessertwein)
5 EL Sonnenblumenöl oder Nussöl
120 g Zucker
2 Päckchen Vanillinzucker
200 g Mehl
1 Prise Salz
Puderzucker zum Besieben
Fett für das Blech

1. Trockenpflaumen und Sultaninen in lauwarmem Wasser etwa 30 Minuten quellen, dann abtropfen lassen. Trockenpflaumen kleinschneiden. Feigen entstielen und würfeln. Äpfel schälen, vom Kernhaus befreien und in Würfel schneiden. Mandeln, Wal- und Haselnusskerne grob hacken. Trockenfrüchte, Äpfel, Nüsse und Mandelstifte in einer Schüssel vermengen. Marsala, 1 Esslöffel Öl, 80 Gramm Zucker und Vanillinzucker zugeben.

2. Mehl auf eine Arbeitsplatte sieben, Salz, restliches Öl und restlichen Zucker zugeben. Mit so viel Wasser vermengen, dass ein weicher Teig entsteht. Teig zu einer Kugel formen und abgedeckt 30 Minuten ruhen lassen.

3. Teig in 12 Stücke teilen, diese zu dünnen Quadraten ausrollen. Füllung gleichmäßig auf den Teigquadraten verteilen. Ofen auf 180 Grad vorheizen.

4. Teigquadrate zylindrisch aufrollen. Auf ein gefettetes Blech setzen und im vorgeheizten Ofen in etwa 30 Minuten zu goldbrauner Farbe backen. Auf einem Kuchengitter auskühlen lassen und mit Puderzucker besieben.

Mein Tipp:

Mohn- und Sesamkringel

1. Hefe mit 1 Esslöffel Zucker mischen. Restlichen Zucker mit Öl, Salz und ¼ Liter Wasser bei mittlerer Temperatur erhitzen, dabei öfters durchrühren. Hefe-Zucker-Mischung zugeben und rühren, bis sie sich aufgelöst hat. 5–8 Minuten stehen lassen, bis sich an der Oberfläche Blasen zeigen.

2. Hefe-Flüssigkeit mit einem Handrührgerät unter das Mehl arbeiten, Ei zufügen und unterkneten. Es soll ein glatter Teig entstehen. Teig mit Klarsichtfolie abgedeckt 1 ½–2 Stunden an einem warmen Ort ruhen lassen.

3. Teig auf leicht bemehlter Arbeitsfläche kurz duchkneten und in 12 Stücke teilen. Jedes Teigstück zu einer 14 Zentimeter langen Rolle formen. Die Enden etwas nass machen und zusammendrücken, so dass ein Teigring entsteht. Ringe auf ein leicht bemehltes Blech legen und abgedeckt 30 Minuten ruhen lassen. Backofen auf 200 Grad vorheizen.

4. In einem großen Topf Wasser erhitzen und köcheln lassen. 3–4 Teigstücke ins Wasser gleiten lassen, 1 Minute kochen, dann auf Küchenpapier abtropfen lassen. Auf die gleiche Weise mit den restlichen Teigstücken verfahren.

5. Teigringe auf zwei gefettete Backbleche verteilen. Mit verquirltem Eigelb bestreichen, sechs Stück mit Mohnsamen, sechs mit Sesamsamen bestreuen.

6. Teigkringel im vorgeheizten Backofen in etwa 20 Minuten knusprig braun backen. Auf einem Kuchengitter auskühlen lassen.

Mein Tipp:

(für 12 Stück)

- **1 EL Trockenhefe**
- **2 EL Zucker**
- **60 ml Sonnenblumenöl**
- **1 TL Salz**
- **500 g Mehl (Type 1050)**
- **1 Ei**
- **1 Eigelb**
- **Mohn- und Sesamsamen zum Bestreuen**
- **Mehl für die Arbeitsfläche**

Grießkuchen

(für 1 Springform, 28 cm Ø)

Für den Teig:

6 Eier, 200 g Butter
125 g Zucker
1 Päckchen Vanillinzucker
abgeriebene Schale von 1 unbehandelten Orange
125 g Mehl, 3 TL Backpulver
140 g Hartweizengrieß
1 Prise Salz
etwa ⅛ l Orangensaft (frisch gepresst)
50 g Mandelstifte
Fett für die Form

Zum Tränken:

200 g Zucker, 1–2 EL Rum
2 EL Zitronensaft

1. Eier trennen. Weiche Butter mit Zucker, Vanillinzucker und Eigelben schaumig rühren. Backofen auf 175 Grad vorheizen. Orangenschale unterrühren. Mehl und Backpulver in eine Schüssel sieben, Grieß und Salz zugeben und nach und nach abwechselnd mit Orangensaft unter die Eigelbmasse rühren. Eiweiße steif schlagen und unterziehen. Mandelstifte unterheben.

2. Springform einfetten, Teig einfüllen, glatt streichen und im heißen Ofen etwa 50 Minuten backen. Kuchen in der Form abkühlen lassen, auf ein Kuchengitter stürzen.

3. Zucker mit Rum, Zitronensaft und knapp ⅛ Liter Wasser 2 Minuten kräftig kochen. Kalten Kuchen damit gleichmäßig tränken, durchziehen lassen.

Mein Tipp:

Königskuchen

(für 1 Kastenform)

100 g Rosinen, 2 EL Rum
250 g Butter, 200 g Zucker
1 Päckchen Vanillinzucker
1 Prise Salz, 4 Eier
abgeriebene Schale von 1 unbehandelten Zitrone
200 g Mehl
50 g Speisestärke
½ TL Backpulver, 2 EL Milch
70 g gehackte Mandeln
70 g gewürfeltes Zitronat
Butter für die Form
Puderzucker zum Bestäuben

1. Rosinen heiß abspülen, abtropfen lassen, mit Rum beträufeln und quellen lassen. Backofen auf 200 Grad vorheizen. Butter mit Zucker, Vanillinzucker und Salz schaumig rühren. Eier trennen und Eigelbe nacheinander unterrühren, Zitronenschale zugeben. Mehl, Speisestärke und Backpulver mischen und sieben. Abwechselnd mit Milch unter den Teig rühren. Mandeln, Zitronat und Rosinen untermischen. Eiweiße steif schlagen und unterheben.

2. Eine Kastenform einfetten, Teig einfüllen und glatt streichen. Im vorgeheizten Ofen auf mittlerer Schiene 1 Stunde backen. Auf einem Kuchengitter auskühlen lassen, vor dem Servieren mit Puderzucker besieben.

Mein Tipp:

Wiener Gugelhupf

1. Mehl in eine Schüssel sieben. In die Mitte eine Mulde drücken, Hefe hineinbröckeln. Mit 1 Teelöffel Zucker bestreuen und mit etwas Milch zum Vorteig verrühren. Mit einem Tuch bedeckt an einem warmen Ort 15 Minuten gehen lassen.

2. Inzwischen Butter, restlichen Zucker, Eier und Eigelbe schaumig schlagen. Gewürze und Sahne zugeben. Rosinen, Mandeln, Zitronat und Orangeat in einer Schüssel mit Rum mischen. Eischaummasse und restliche Milch zum Vorteig geben und alles zu einem glatten Teig verrühren, Fruchtmischung untermischen.

3. Backofen auf 200 Grad vorheizen. Eine Napfkuchenform einfetten und mit Paniermehl ausstreuen. Teig einfüllen und mit einem Tuch bedeckt an einem warmen Ort 15 Minuten gehen lassen. Der Teig soll dabei etwa die Hälfte an Volumen zunehmen.

4. Gugelhupf im vorgeheizten Ofen auf mittlerer Schiene etwa 1 Stunde backen. Auf einem Kuchengitter auskühlen lassen und noch warm mit Puderzucker besieben.

Mein Tipp:

(für 1 Napfkuchenform)

- **500 g Mehl**
- **1 Würfel frische Hefe (42 g)**
- **125 g Zucker**
- **⅛ l lauwarme Milch**
- **180 g Butter**
- **3 Eier**
- **2 Eigelb**
- **abgeriebene Schale von ½ unbehandelten Zitrone**
- **½ TL Salz**
- **3 EL Sahne**
- **100 g Rosinen**
- **100 g gehäutete, grob gehackte Mandeln**
- **je 50 g gewürfeltes Zitronat und Orangeat**
- **1 EL Rum**
- **Butter und Paniermehl für die Form**
- **Puderzucker zum Besieben**

Zitronenrolle

(für etwa 10 Stück)

Für den Teig:

4 Eier

150 g Zucker

1 TL abgeriebene unbehandelte Zitronenschale

150 g Mehl

1 TL Backpulver

Butter für die Form

Für die Füllung:

6 Blatt weiße Gelatine

Saft von 3 Zitronen

1 Ei

100 g Zucker

⅛ l Sahne

30 g Puderzucker

1. Backofen auf 200 Grad vorheizen. Für den Teig Eier trennen, Eigelbe mit 4 Esslöffel heißem Wasser schaumig rühren, Zucker und Zitronenschale unterrühren. Eiweiße steif schlagen und auf die Eigelbcreme gleiten lassen. Mehl mit Backpulver mischen, auf den Eischaum sieben, alles locker unter die Eiercreme heben.

2. Ein Backblech mit Backpapier auslegen und das Papier einfetten. Teig aufstreichen und im heißen Ofen auf mittlerer Schiene 10–12 Minuten backen. Inzwischen ein Küchentuch auf die Arbeitsfläche legen und mit Zucker bestreuen. Gebackene Teigplatte auf das Tuch stürzen. Papier mit kaltem Wasser bestreichen und abziehen. Teig sofort mit dem Tuch aufrollen und auskühlen lassen.

3. Für die Füllung Gelatine in kaltem Wasser einweichen. Zitronensaft mit Wasser zu einem ⅛ Liter auffüllen, erhitzen, vom Feuer nehmen und ausgedrückte Gelatine darin auflösen. Masse abkühlen lassen.

4. Ei trennen, Eigelb mit 2 Esslöffel heißem Wasser schaumig schlagen. Zucker nach und nach unterschlagen. Es soll eine sehr schaumige Creme entstehen. Leicht gelierende Zitronencreme löffelweise unterrühren. Eiweiß und Sahne getrennt steif schlagen. Beides vorsichtig unter die Zitronencreme ziehen. Creme 10 Minuten in den Kühlschrank stellen.

5. Biskuit auseinander rollen, mit Creme bestreichen. Biskuit locker wieder aufrollen. Vor dem Servieren mit Puderzucker besieben.

Mein Tipp:

Gerührte Linzertorte

1. Backofen auf 180 Grad vorheizen. Butter schaumig rühren, Zucker zugeben und rühren, bis er sich aufgelöst hat. Eier und Eigelb nacheinander unterrühren. Mandeln, Zitronenschale und Mehl unterziehen.

2. Eine Springform einfetten und mit Zucker ausstreuen. ⅔ des Teigs einfüllen und die Oberfläche glatt streichen. Marmelade darauf verteilen. Restlichen Teig in einen Spritzbeutel mit Sterntülle füllen. Ein Gitter über die Füllung spritzen, rundherum einen Rand. Teigstreifen mit verquirlten Eigelb bestreichen und Mandelstifte darüber streuen.

3. Kuchen im vorgeheizten Ofen auf unterer Schiene 1 Stunde backen. Etwas abkühlen lassen, mit Zucker bestreuen, aus der Form lösen und auf ein Kuchengitter heben.

Mein Tipp:

(für 1 Springform, 26 cm Ø)

- **300 g Butter**
- **150 g Zucker**
- **3 Eier, 1 Eigelb**
- **150 g fein gemahlene Mandeln**
- **abgeriebene Schale von 1 unbehandelten Zitrone**
- **300 g Mehl**
- **Butter und Zucker für die Form**
- **450 g Himbeer- oder Johannisbeermarmelade**
- **1 Eigelb**
- **25 g Mandelstifte**
- **Zucker zum Bestreuen**

Malakow-Torte

1. Aus Milch, Puddingpulver und Zucker nach Packungsangabe einen Pudding kochen, unter Rühren auskühlen lassen. Weiche Butter mit gesiebtem Puderzucker schaumig rühren, löffelweise unter den ausgekühlten Pudding rühren. Boden einer Springform mit Löffelbiskuits auslegen. Zuckersirup mit Marsala und Rum verrühren, Biskuits damit tränken.

2. Konfitüre erhitzen, halbe Menge tupfenweise über den Biskuits verteilen. Einen Teil Buttercreme darüber streichen, mit Biskuits bedecken, mit Marsalamischung tränken und wieder mit Konfitüre betupfen. Mit einer Schicht Buttercreme abschließen und mit Mandelblättchen bestreuen. Restliche Buttercreme in eine Spritztülle füllen und 14 Rosetten auf die Torte spritzen. Auf jede Rosette schräg einen Keks setzen. Torte kalt stellen. Möglichst am selben Tag servieren.

Mein Tipp:

(für 1 Springform, 26 cm Ø)

- **½ l Milch**
- **1 Päckchen Vanille-Puddingpulver**
- **5 EL Zucker, 250 g Butter**
- **3 EL Puderzucker**
- **250 g Löffelbiskuits**
- **1 EL Zuckersirup**
- **4 EL Marsala, 1 EL Rum**
- **75 g Johannisbeergelee**
- **100 g geröstete Mandelblättchen**
- **14 runde Butterkekse**

Sachertorte

(für 1 Springform, 26 cm Ø)

- **100 g helle Kuvertüre**
- **300 g Butter**
- **8 Eier**
- **300 g Zucker**
- **2 EL Kakaopulver**
- **300 g Mehl**
- **50 g Zwiebackbrösel**
- **150 g Aprikosenkonfitüre**
- **200 g dunkle Kuvertüre**
- **50 g Marzipan-Rohmasse**
- **50 g Puderzucker**
- **Butter und Mehl für die Form**

1. Backofen auf 180 Grad vorheizen. Eine Springform einfetten und mit Mehl bestäuben. Kuvertüre im Wasserbad auflösen. Butter schaumig rühren. Eier trennen, Eigelbe, aufgelöste Kuvertüre und 200 Gramm Zucker unterrühren.

2. Kakaopulver, Mehl und Zwiebackbrösel mischen und auf die Buttermasse geben. Eiweiße mit restlichem Zucker steif schlagen. ⅓ des Eischnees unter die Masse rühren, Rest vorsichtig unterheben.

3. Teig in die Springform füllen und glatt streichen. Im vorgeheizten Ofen 1 Stunde 10 Minuten backen. Kuchen mit einem Messer vom Rand der Form lösen, den Ring abnehmen und Kuchen auf ein Kuchengitter stürzen. 1 Stunde auskühlen lassen.

4. Aprikosenkonfitüre glatt rühren. 150 Gramm dunkle Kuvertüre im Wasserbad schmelzen. Marzipan-Rohmasse mit Puderzucker verkneten. Auf der mit Puderzucker bestäubten Arbeitsfläche ausrollen und mit dem Rand der Form einen Kreis ausstechen. Kuchen oben glatt schneiden, quer halbieren. Beide Böden mit Konfitüre bestreichen und wieder zusammensetzen. Oberen Boden mit dem Marzipanboden belegen.

5. Restliche dunkle Kuvertüre in Stücke hacken, zur aufgelösten Kuvertüre geben und schmelzen lassen. Mit etwa der Hälfte der Kuvertüre Tortenoberfläche bestreichen. Mit restlicher Kuvertüre den Rand überziehen. Bevor die Glasur getrocknet ist, mit einem langen Messer, das vorher mit heißem Wasser abgespült wurde, Tortenstücke markieren.

Mein Tipp:

Frankfurter Kranz

1. Backofen auf 180 Grad vorheizen. Butter schaumig rühren. Nach und nach Zucker, Salz, Zitronenschale, Eier und Rum dazurühren. Mehl mit Speisestärke und Backpulver mischen, sieben. Löffelweise unter die Schaummasse rühren.

2. Eine Kranzform einfetten. Teig einfüllen, glatt streichen und im heißen Ofen 40 Minuten auf mittlerer Schiene backen. Auf einem Kuchengitter auskühlen lassen.

3. Puddingpulver mit Salz, Zucker und etwas kalter Milch glatt rühren und nach Packungsanweisung einen Vanillepudding kochen. Im kalten Wasserbad auskühlen lassen, dabei öfters umrühren.

4. Für den Krokant ein großes Stück Alufolie mit Öl einstreichen. Butter und Zucker in einer Pfanne schmelzen, rühren bis sich der Zucker goldbraun färbt, Mandeln unterheben. Krokant auf der Alufolie verteilen und erkalten lassen. Mit dem Teigroller fein zerstoßen.

5. Für die Buttercreme Butter schaumig rühren, erkalteten Pudding löffelweise unterrühren. Kuchen zwei- oder dreimal quer durchschneiden. Etwas Buttercreme beiseite stellen. Kuchen mit restlicher Buttercreme schichtweise füllen und rundherum bestreichen. Mit Krokant rundherum bestreuen und mit restlicher Buttercreme Tupfen auf den Kuchen spritzen. Mit Belegkirschen garnieren. Vor dem Servieren kühl stellen.

Mein Tipp:

(für 1 Kranzform, 25 cm Ø)

Für den Teig:

- **125 g Butter, 150 g Zucker**
- **1 Prise Salz**
- **1 TL abgeriebene unbehandelte Zitronenschale**
- **4 Eier, 2 EL Rum**
- **150 g Mehl**
- **50 g Speisestärke**
- **6 g Backpulver**
- **Fett für die Form**

Für die Buttercreme:

- **1 Päckchen Vanille-Puddingpulver**
- **1 Prise Salz, 75 g Zucker**
- **½ l Milch, 200 g Butter**

Für den Krokant:

- **Öl zum Einfetten**
- **10 g Butter, 50 g Zucker**
- **100 g gehackte Mandeln**

Zum Garnieren:

- **14 Belegkirschen**

Walnusstorte

(für 1 Springform, 26 cm Ø)

Für den Teig:

- **200 g Butter**
- **100 g flüssiger Honig**
- **100 g brauner Rohrzucker**
- **200 g Mehl**
- **125 g fein gemahlene Walnüsse**
- **1 EL Kakaopulver**
- **½ TL gemahlener Zimt**
- **1 Päckchen Vanillinzucker**
- **3 Eier**
- **4 EL Rum**
- **Fett für die Form**

Für die Füllung:

- **150 g grob gemahlene Walnüsse**
- **40 g Mehl**
- **50 g brauner Rohrzucker**
- **2 Päckchen Vanillinzucker**
- **¼ l Milch**
- **250 g Butter**
- **100 g Ahornsirup**
- **Walnusskerne und Schokoraspel zum Bestreuen**

1. Springform einfetten, Backofen auf 190 Grad vorheizen. Für den Teig weiche Butter mit Honig und 50 Gramm Rohrzucker schaumig rühren. Mehl mit 100 Gramm Walnüssen, Kakao, Zimt und Vanillinzucker mischen, nach und nach, abwechselnd mit Eiern und Rum unter die Schaummasse rühren.

2. Teig in die Form füllen, glatt streichen, mit restlichen Walnüssen und Rohrzucker bestreuen. Im heißen Ofen 25–30 Minuten backen. Etwas auskühlen lassen, aus der Form lösen und auf ein Kuchengitter heben.

3. Für die Füllung 50 Gramm Nüsse trockenrösten. Mit Mehl, Rohrzucker, Vanillinzucker und Milch glatt rühren, 1 Minute unter Rühren köcheln lassen. Vom Feuer nehmen und abkühlen lassen, dabei öfter umrühren.

4. 200 Gramm weiche Butter schaumig rühren, Nussbrei löffelweise unterrühren. Tortenboden quer durchschneiden.

5. Restliche gemahlene Nüsse trockenrösten. Mit Ahornsirup und restlicher Butter vermischen, unter Rühren schmelzen lassen. Nussmasse auf unteren Tortenboden streichen, darüber die Creme glatt streichen. Oberen Tortenboden darauf setzen und andrücken.

6. Walnüsse grob hacken, trockenrösten. Torte mit den Walnüssen und Schokoraspeln bestreuen, im Kühlschrank fest werden lassen.

Mein Tipp:

Birnen-Quark-Torte

1. Mehl sieben, mit Butter in Stückchen, Puderzucker, Salz und Eigelb zu einem Mürbeteig verkneten. Teig zu einer Kugel formen und in Folie gewickelt 2 Stunden kühl stellen.

2. Backofen auf 200 Grad vorheizen. Teig ausrollen und Boden und Rand einer Springform damit auslegen. Im heißen Ofen 30 Minuten backen.

3. Birnen abtropfen lassen, mit 2 Zentiliter Birnengeist übergießen. Quark mit Zucker, Vanillinzucker, restlichem Birnengeist und Zitronensaft cremig rühren.

4. Gelatine nach Packungsangabe einweichen, in etwas Birnensaft bei schwacher Hitze auflösen und unter den Quark rühren. Birnen auf dem Teig verteilen, Quarkcreme darüber streichen, kühl gestellt fest werden lassen.

5. Sahne mit Zucker steif schlagen, einen Teil zum Garnieren beiseite stellen. Restliche Sahne mit Krokant und Walnüssen vermengen, über der Quarkmasse verteilen. Torte nach Belieben mit Sahne und Gelee-Tupfen garnieren. Gekühlt servieren.

Mein Tipp:

(für 1 Springform, 26 cm Ø)

Für den Teig:

- **125 g Mehl**
- **60 g Butter**
- **50 g Puderzucker**
- **1 Prise Salz**
- **1 Eigelb**

Für den Belag:

- **500 g Birnen (aus der Dose)**
- **4 cl Birnengeist (nach Belieben)**
- **250 g Quark (20 % Fett)**
- **100 g Zucker**
- **2 Päckchen Vanillinzucker**
- **Saft von 1 Zitrone**
- **6 Blatt weiße Gelatine**
- **¼ l Sahne**
- **2 EL Zucker**
- **3 EL Krokantstreusel**
- **2 EL gehackte Walnusskerne**
- **2 EL Johannisbeergelee**

Orangen-Buttercreme-Torte

(für 1 Springform, 24 cm Ø)

Für den Teig:

- **4 Eier**
- **175 g Zucker**
- **abgeriebene Schale von ½ unbehandelten Orange**
- **100 g Mehl**
- **100 g Speisestärke**
- **1 TL Backpulver**
- **Butter für die Form**

Für die Creme:

- **¼ l Milch**
- **abgeriebene Schale von 1 unbehandelten Orange**
- **¼ l Orangensaft**
- **150 g Zucker**
- **30 g Speisestärke**
- **1 Eigelb**
- **250 g Butter**

Zum Garnieren:

- **100 g gehackte gehäutete Mandeln**
- **24 Mandarin-Orangen (aus der Dose)**

1. Backofen auf 200 Grad vorheizen. Eier trennen, Eigelbe mit 2 Esslöffel warmem Wasser und Zucker schaumig schlagen, Orangenschale unterrühren. Eiweiße steif schlagen und auf die Eigelbcreme geben. Mehl mit Speisestärke und Backpulver mischen und auf den Eischnee sieben, vorsichtig unterziehen.

2. Eine Springform einfetten, Teig einfüllen, glatt streichen und im vorgeheizten Ofen auf mittlerer Schiene 35 Minuten backen. Tortenboden auf einem Kuchengitter auskühlen lassen.

3. Für die Creme Milch, Orangenschale und -saft und Hälfte des Zuckers aufkochen, Speisestärke mit wenig kaltem Wasser anrühren, in die Milch rühren und aufkochen lassen. Vom Feuer nehmen und etwas Creme mit Eigelb verquirlen, wieder in die Creme rühren. Creme im Wasserbad abkühlen lassen, dabei öfters umrühren.

4. Butter mit restlichem Zucker schaumig rühren, die kalte Creme esslöffelweise unterrühren. Tortenboden zweimal durchschneiden. Tortenböden mit ⅔ der Creme bestreichen und aufeinander setzen. Rand mit der Hälfte der restlichen Creme bestreichen.

5. Rand der Tortenoberfläche mit Mandeln bestreuen, 12 Tortenstücke markieren. Restliche Creme mit einem Spritzbeutel als Tupfen auf die einzelnen Tortenstücke spritzen. Mandarin-Orangen abtropfen und Cremetupfen damit garnieren. Torte vor dem Servieren kühl stellen.

Mein Tipp:

Winzertorte

1. Backofen auf 190 Grad vorheizen. Boden und Rand der Form einfetten. Eier trennen, Eigelbe mit 2 Esslöffel warmem Wasser und Hälfte des Zuckers schaumig rühren. Eiweiße mit restlichem Zucker steif schlagen, unter die Eiercreme heben. Mehl mit Speisestärke und Backpulver darüber sieben und unterheben.

2. Teig in die Form füllen, glatt streichen und im heißen Ofen 40 Minuten backen. Auf einem Kuchengitter auskühlen lassen, 2 Stunden ruhen lassen.

3. Quark mit Eigelben, Zucker, Vanillinzucker und Zitronensaft verrühren. Gelatine nach Packungsangabe auflösen. Sahne steif schlagen, mit Gelatine unter den Quark ziehen.

4. Biskuit quer durchschneiden. Beide Böden mit Quarkcreme bestreichen, aufeinander setzen. Etwas Creme über den Tortenrand verstreichen.

5. Trauben waschen, trocknen und Torte damit gleichmäßig belegen. Tortenguss nach Packungsangabe zubereiten und Trauben damit überziehen. Tortenrand mit Mandelblättchen bestreuen.

Mein Tipp:

(für 1 Springform, 26 cm Ø)

Für den Teig:

4 Eier

145 g Zucker

120 g Mehl

60 g Speisestärke

1 TL Backpulver

Fett für die Form

Für den Belag:

500 g Magerquark

2 Eigelb

125 g Zucker

2 Päckchen Vanillinzucker

Saft von 1 Zitrone

6 Blatt weiße Gelatine

¼ l Sahne

600 g Weintrauben

1 Päckchen klarer Tortenguss

100 g geröstete Mandelblättchen

Zwetschgenstrudel

(für 1 Strudel)

Für den Teig:

1 EL Schweineschmalz
1 Ei
1 Prise Salz
250 g Mehl

Für die Füllung:

1 kg Zwetschgen
140 g Butter
100 g Paniermehl
80–100 g Zucker
Puderzucker zum Bestäuben

1. Schmalz zerlassen, mit 75 Milliliter lauwarmem Wasser, Ei und Salz verquirlen. Gesiebtes Mehl nach und nach untermischen und einen glatten Teig kneten. 10–15 Minuten weiterkneten, bis der Teig glänzend und elastisch ist. Teigkugel mit Folie bedeckt 1 Stunde ruhen lassen.

2. Inzwischen Zwetschgen waschen, abtrocknen, entsteinen und vierteln. Teig auf einem bemehlten Küchentuch dünn ausrollen und mit den Handrücken hauchdünn ausziehen. Backofen auf 200 Grad vorheizen.

3. 100 Gramm Butter zerlassen und mit Paniermehl mischen. Auf ⅔ des Teigs verteilen. Mit Zwetschgen belegen und mit Zucker bestreuen. Teigränder einschlagen und Strudel zusammenrollen. Mit der Nahtstelle nach unten auf ein gefettetes Blech gleiten lassen. Mit restlicher Butter bestreichen. Im vorgeheizten Ofen auf mittlerer Schiene 40 Minuten backen. Dick mit Puderzucker besieben und heiß servieren.

Zwetschgen vor dem Backen mit Zimt bestäuben.

Mein Tipp:

Apfelstrudel

1. Strudelteig, wie im Rezept Quark-Kirschen-Strudel beschrieben (siehe Seite 63), zubereiten und ruhen lassen. Den Backofen auf 180 Grad vorheizen. Für die Füllung Äpfel schälen, vierteln, vom Kernhaus befreien und in dünne Scheiben schneiden. Mit Rosinen, Zucker und Zimtpulver vermischen. 30 Gramm Butter zerlassen und Paniermehl darin goldbraun rösten.

2. Den Teig hauchdünn ausziehen und gleichmäßig mit zerlassener Butter bestreichen. Mit Paniermehl und Mandeln oder Nüssen bestreuen. Äpfel darüber verteilen. Strudel einrollen, auf ein gefettetes Blech legen, Strudel mit zerlassener Butter einstreichen und im vorgeheizten Ofen 30–35 Minuten backen. Auskühlen lassen und dick mit Puderzucker besieben.

Mein Tipp:

Für den Teig:

300 g Mehl, 1 Prise Salz
5 EL Öl, 1 EL Weißweinessig

Für die Füllung:

500 g Äpfel, 100 g Rosinen
65 g Zucker
1 TL gemahlener Zimt
50 g Butter
50 g Paniermehl
50 g gehackte Mandeln oder Haselnüsse
Puderzucker zum Bestäuben

Strudel Wiener Art

1. Aus Mehl, Salz, Essig, 4 Esslöffel Wasser und Öl einen glatten Teig kneten. 10–15 Minuten weiterkneten und abschlagen, bis der Teig elastisch und glänzend ist. Teigkugel mit Frischhaltefolie abdecken und unter einer angewärmten Schüssel 30 Minuten ruhen lassen.

2. Den Backofen auf 220 Grad vorheizen. Auf einem bemehlten Küchentuch Teig dünn ausrollen, mit den Handrücken hauchdünn ausziehen. Honig erwärmen, vom Feuer nehmen und mit Sahne und Rum verrühren. Auf den Strudelteig streichen. Nüsse mit Zucker und Zimt vermischen, auf den Strudelteig streuen.

3. Den Teig mit Hilfe des Küchentuches aufrollen und mit der Nahtstelle nach unten auf ein gefettetes Blech legen. Mit zerlassener Butter einstreichen und im heißen Ofen auf mittlerer Schiene 40 Minuten backen. Auskühlen lassen und dick mit Puderzucker besieben.

Mein Tipp:

Für den Teig:

150 g Mehl, 1 Prise Salz
½ TL Weinessig
3 EL Öl
Mehl zum Ausrollen

Für die Füllung:

250 g Honig, ⅛ l Sahne
3 Eigelb, 2 EL Rum
350 g gemahlene Haselnüsse
100 g Zucker
½ TL gemahlener Zimt
Butter zum Einfetten
Puderzucker zum Bestäuben

Buttermilchwaffeln

(für etwa 12 Stück)

- 125 g Butter, 40 g Zucker
- 2 Päckchen Vanillinzucker
- 1 Prise Salz, 4 Eier
- 250 g Mehl
- 1 TL Backpulver
- ⅛–¼ l Buttermilch
- Öl für das Waffeleisen
- Puderzucker zum Besieben

1. Weiche Butter mit Zucker, Vanillinzucker, Salz und Eiern schaumig rühren. Mehl mit Backpulver sieben, löffelweise abwechselnd mit Buttermilch unterrühren. Es soll ein dünnflüssiger Teig entstehen.

2. Waffeleisen mit Öl einstreichen. Je einen kleinen Schöpfer Teig einfüllen und in je 4–6 Minuten zu goldbraunen Waffeln backen. Waffeln mit Puderzucker besieben und frisch servieren.

Mein Tipp:

Einfacher Hefezopf

- 500 g Mehl
- 30 g frische Hefe
- 60 g Zucker
- ¼ l lauwarme Milch
- 100 g Butter
- 1 Prise Salz
- 50 g Rosinen
- 1 Eigelb
- 2 EL Hagelzucker
- Fett für das Blech

1. Ein Backblech einfetten. Mehl in eine Schüssel sieben, in die Mitte eine Mulde drücken, Hefe hineinbröckeln, mit wenig Zucker, Milch und etwas Mehl zu einem Vorteig rühren und 15 Minuten abgedeckt an einem warmen Ort gehen lassen.

2. Zerlassene Butter, restlichen Zucker und Salz zum Vorteig geben und alles zu einem Hefeteig abschlagen. Rosinen unterkneten und Teig etwa 45 Minuten zugedeckt an einem warmen Ort gehen lassen.

3. Teig kurz durchkneten, halbieren. Aus der einen Hälfte drei Stränge von je 35 Zentimeter Länge rollen und zu einem Zopf flechten. Auf das Blech legen. Aus zwei Dritteln der zweiten Teighälfte ebenfalls einen Zopf flechten. Aus restlichem Teig 2 Stränge rollen und zu einer Spirale drehen. Großen Zopf mit verquirltem Eigelb bestreichen, kleinen Zopf darauf setzen und mit Eigelb bestreichen. Spirale darauf legen und auch mit Eigelb bestreichen.

4. Hefezopf mit Hagelzucker bestreuen und 15 Minuten bedeckt gehen lassen. Inzwischen den Backofen auf 200 Grad vorheizen. Hefezopf auf unterer Schiebeleiste 25–30 Minuten backen. Auf einem Kuchengitter auskühlen lassen.

Mein Tipp:

Nussrolle

1. Mehl in eine Schüssel sieben, in die Mitte eine Mulde drücken. Die Hefe hineinbröckeln. Mit Milch auflösen, mit etwas Mehl verrühren und zugedeckt 15 Minuten an einem warmen Ort gehen lassen.

2. Inzwischen Butter und Zucker schaumig rühren, Ei und Salz zugeben. Schaummasse zum Hefeteig geben und alles gut verkneten. Teig abschlagen, bis er Blasen wirft. Auf bemehlter Arbeitsfläche zu einem Rechteck (etwa 30 mal 37 Zentimeter) ausrollen.

3. Milch für die Füllung aufkochen lassen, Butter, Nüsse, Zucker und Zimt unterrühren. Ei untermischen, Masse abkühlen lassen.

4. Die Füllung gleichmäßig auf den Teig streichen, dabei je einen 1 Zentimeter breiten Rand frei lassen und mit verquirltem Eigelb bestreichen. Teig längs aufrollen und auf ein gefettetes Blech legen. 15 Minuten an einem warmen Ort gehen lassen. Backofen auf 220 Grad vorheizen.

5. Nussrolle im heißen Ofen 25 Minuten backen. Inzwischen Zitronensaft mit Puderzucker verrühren. Noch warme Nussrolle damit bestreichen, auf einem Kuchengitter auskühlen lassen.

Füllung mit gemahlenen Walnusskernen und Honig anstatt Zucker zubereiten – schmeckt besonders aromatisch.

Mein Tipp:

Für den Teig:

300 g Mehl
20 g frische Hefe
⅛ l lauwarme Milch
100 g Butter
40 g Zucker
1 Ei
Salz
Mehl zum Ausrollen

Für die Füllung:

⅛ l Milch
40 g Butter
300 g geröstete gemahlene Haselnüsse
100 g Zucker
1 Prise gemahlener Zimt
1 Ei
1 Eigelb
Fett für das Blech

Für die Glasur:

2–3 TL Zitronensaft
60 g Puderzucker

Teekuchen

(für 1 Kastenform)

- **300 g Butter, 250 g Zucker**
- **1 Päckchen Vanillinzucker**
- **abgeriebene Schale von 1 unbehandelten Zitrone**
- **6 Eier, 3 EL Madeira**
- **300 g Mehl**
- **80 g Speisestärke**
- **2 TL Backpulver**
- **125 g Rosinen**
- **150 g Belegkirschen**
- **160 g Walnüsse oder Pekanüsse**
- **1 Prise Salz, 1 TL Zimt**
- **½ TL gemahlener Kardamom**
- **100 g Kakaoglasur (Fertigprodukt)**
- **50 g gehackte ungesalzene Pistazien**
- **Butter und Paniermehl für die Form**

1. Eine Kastenform einfetten und mit Paniermehl ausstreuen. Den Backofen auf 190 Grad vorheizen. Butter mit Zucker, Vanillinzucker und Zitronenschale schaumig rühren. Nacheinander Eier, Madeira unterrühren. Mehl mit Speisestärke und Backpulver mischen und sieben, mit den Rosinen vermengen. Belegkirschen und Nüsse grob hacken und mit Salz, Zimt und Kardamom zum Mehl geben. Mehlmischung löffelweise unter die Buttermasse rühren.

2. Teig in die Form füllen und glatt streichen. Auf der unteren Schiene im vorgeheizten Ofen 1 Stunde 40 Minuten backen. Auf einem Kuchengitter auskühlen lassen.

3. Kakaoglasur im Wasserbad schmelzen, Kuchen damit überziehen und mit gehackten Pistazien bestreuen.

Mein Tipp:

Nuss-Bananen-Brot

(für 1 Kastenform)

- 150 g Butter
- 160 g brauner Rohrzucker
- 3 Eier, 3–4 reife Bananen
- 350 g Mehl
- 3 TL Backpulver
- 1 Msp. Salz
- 100 g gehackte Walnusskerne
- ½ Vanillestange
- gut ⅛ l Milch
- Butter für die Form

1. Eine Kastenform einfetten. Den Backofen auf 170 Grad vorheizen. Weiche Butter schaumig rühren, Zucker nach und nach unterrühren, Eier einzeln unterrühren.

2. Bananen schälen und mit einer Gabel sehr fein zerdrücken, unter die Schaummasse rühren. Mehl mit Backpulver sieben und mit Salz, den Nüssen und ausgekratztem Mark der Vanillestange mischen, abwechselnd mit Milch unter den Bananenteig rühren.

3. Teig in die Kastenform füllen und glatt streichen. Auf der unteren Schiene im vorgeheizten Ofen 50 Minuten backen. Auf einem Kuchengitter auskühlen lassen.

Mein Tipp:

Orangenkuchen

(für 1 Kastenform)

- 250 g Butter, 225 g Zucker
- 3 Eier, 4 Eigelb
- 1 Prise Salz, 2 cl Orangenlikör
- abgeriebene Schale von 2 unbehandelten Orangen und von 1 unbehandelten Zitrone
- 1 EL Zitronensaft
- 100 g Mehl
- 100 g Speisestärke
- ½ Päckchen Backpulver
- 100 g geschälte gemahlene Mandeln
- 100 g fein gewürfeltes Orangeat
- 100 g Orangenmarmelade
- 200 g Puderzucker
- 3 EL Orangensaft
- Fett und Paniermehl für die Form

1. Eine Kastenform einfetten und mit Paniermehl ausstreuen. Den Backofen auf 180 Grad vorheizen. Weiche Butter mit Zucker schaumig rühren, Eier und Eigelbe nacheinander unterrühren, dabei auch ein paar Löffel Mehl unterrühren. Orangen- und Zitronenschale und Zitronensaft unterrühren. Restliches Mehl, Speisestärke und Backpulver sieben und mit Mandeln und 80 Gramm Orangeat unter den Teig rühren.

2. Teig in die Form füllen, glatt streichen und auf unterer Schiene 1 ½ Stunden backen. Kuchen auf einem Gitter auskühlen lassen.

3. Kuchen mit erhitzter Orangenmarmelade bestreichen. Puderzucker mit Orangensaft verrühren und Kuchen damit glasieren. Mit restlichem Orangeat bestreuen und trocknen lassen.

Mein Tipp:

Quarkteig-Mandelrolle

Für die Füllung:

- 50 g Rosinen
- 3 EL Aprikosenlikör
- 250 g gemahlene Mandeln
- 50 g Zucker
- 1 TL gemahlener Zimt
- 1 Msp. gemahlene Nelken
- abgeriebene Schale von ½ unbehandelten Orange
- etwa 80 ml Sahne
- 150 g Marzipan-Rohmasse

Für den Teig:

- 250 g Magerquark
- 5 EL Milch, 1 Ei
- ⅛ l Sonnenblumenöl
- 80 g Zucker, 1 Prise Salz
- 1 Päckchen Vanillinzucker
- 400 g Mehl
- 1 Päckchen Backpulver
- 40 g Butter
- Puderzucker zum Bestäuben
- Mehl für die Arbeitsfläche
- Butter für das Blech

1. Rosinen klein schneiden und mit Likör verrühren. Mandeln mit Zucker, Gewürzen und Sahne verrühren. Marzipan in dünne Scheiben schneiden.

2. Quark mit Milch, Ei, Öl, Zucker, Salz und Vanillinzucker verrühren. Mehl und das Backpulver mischen. Nach und nach unter die Quarkmasse rühren, zum Schluss unterkneten.

3. Backofen auf 180 Grad vorheizen. Ein Backblech einfetten. Teig auf bemehlter Arbeitsfläche zu einem Rechteck (etwa 40 mal 25 Zentimeter) ausrollen. Mit Marzipan belegen, Füllung gleichmäßig darauf verteilen. Beide Längsseiten des Teigs bis zur Mitte einrollen. Rolle auf das Blech legen und auf mittlerer Schiene im heißen Ofen 55 Minuten backen.

4. Kuchen noch heiß mit zerlassener Butter bestreichen und dick mit Puderzucker bestäuben.

Mein Tipp:

Gerollter Mohnkuchen

1. Zerkrümelte Hefe mit etwas Milch verrühren und mit Mehl, Salz, Zucker, Zitronenschale, zerlassener Butter, Eigelben und restlicher Milch zu einem festen Teig verkneten. Zugedeckt an einem warmen Ort 30–45 Minuten gehen lassen.

2. Inzwischen für die Füllung Milch mit Zucker, Honig und Zimt aufkochen, Mohn einrühren und 2 Minuten kochen lassen. Paniermehl, Rosinen, Orangeat und Mandeln einrühren, abkühlen lassen. Eiweiße steif schlagen und unterheben.

3. Teig kurz durchkneten und auf einem bemehlten Geschirrtuch dünn ausrollen. Füllung gleichmäßig darauf verstreichen. Teig aufrollen und spiralförmig in eine gefettete, mit Mehl ausgestreute Napfkuchenform legen. Zugedeckt 30 Minuten an einem warmen Ort gehen lassen.

4. Backofen auf 180 Grad vorheizen. Kuchen im heißen Ofen 50–60 Minuten backen. Auf einem Kuchengitter auskühlen lassen. Mit Puderzucker besieben.

Mein Tipp:

(für 1 Springform, 26 cm Ø)

Für den Teig:

- **30 g frische Hefe**
- **etwa 200 ml lauwarme Milch**
- **400 g Mehl, 1 Prise Salz**
- **80 g Zucker**
- **abgeriebene Schale von 1 unbehandelten Zitrone**
- **60 g Butter, 2 Eigelb**

Für die Füllung:

- **¼ l Milch, 80 g Zucker**
- **1 EL Honig**
- **½ TL gemahlener Zimt**
- **250 g gemahlener Mohn**
- **40 g Paniermehl**
- **60 g Rosinen**
- **50 g gehacktes Orangeat**
- **30 g gemahlene Mandeln**
- **2 Eiweiß**
- **Fett und Mehl für die Form**
- **Puderzucker zum Besieben**

Pikanter Pie mit Kürbis

(für 1 Pie-Form, 24–26 cm Ø)

Für den Teig:

250 g Mehl, 1 Prise Salz
1 TL Zucker, 100 g Kokosfett
1 Ei, 2 EL Essig
Fett für die Form

Für die Füllung:

400 g Kürbisfleisch
150 g Crème double
⅛ l Milch
160 g brauner Rohrzucker
¼ TL gemahlener Zimt
je 1 Msp. gemahlener Ingwer und Nelken
1 Prise geriebene Muskatnuss, 3 Eier

1. Mehl mit Salz, Zucker, Kokosfett, Ei, Essig und 3–4 Esslöffel eiskaltem Wasser verkneten. Teig zu einer Kugel formen, mit Klarsichtfolie bedecken und 1 Stunde kühl stellen.

2. Kürbisfleisch in Würfel schneiden, mit 100 Milliliter Wasser in 10–15 Minuten weich kochen, mit dem Mixstab pürieren. Crème double, Milch, Zucker, Gewürze und Eier unterrühren.

3. Backofen auf 180 Grad vorheizen. Eine Pie-Form einfetten. Teig ausrollen und die Form damit auslegen, dabei einen Rand formen. Füllung auf dem Teig verteilen. Pie im vorgeheizten Ofen etwa 1 Stunde backen. Warm oder kalt servieren.

Mein Tipp:

Speckkuchen

(für 1 Backblech)

500 g Mehl (Type 1050)
30 g frische Hefe
¼ l lauwarme Milch
1 Prise Zucker
60 g Butter, 1 Ei
½ TL Salz
500 g durchwachsener Speck
2 EL Kümmel
2 EL grobes Salz
2 EL gehackte Petersilie
Fett für das Blech
Mehl zum Ausrollen

1. Ein Backblech einfetten. Mehl in eine Schüssel sieben, in die Mitte eine Vertiefung drücken. Zerkrümelte Hefe mit Milch, Zucker und wenig Mehl in der Mulde zum Vorteig rühren, abgedeckt an einem warmen Ort 15 Minuten ruhen lassen.

2. Butter schmelzen, Ei mit Salz verrühren. Beides zum Vorteig geben und alles zu einem Hefeteig verarbeiten. Teig kräftig abschlagen, bis er Blasen wirft. Abgedeckt 15 Minuten an einem warmen Ort gehen lassen.

3. Speck in dünne Scheiben, dann in Streifen schneiden. Teig kurz durchkneten, auf bemehlter Arbeitsfläche ausrollen und Backblech damit belegen. Mit Speckstreifen belegen und mit Kümmel und Salz bestreuen. 15 Minuten gehen lassen. Backofen auf 220 Grad vorheizen. Kuchen auf zweiter Schiebeleiste von unten 15–20 Minuten im heißen Ofen backen, heiß servieren.

Mein Tipp:

Zwiebelkuchen

1. Backblech einfetten. Mehl in eine Schüssel sieben, in die Mitte eine Mulde drücken. Hefe hineinbröckeln, mit Milch und wenig Mehl zum Vorteig rühren. Abgedeckt an einem warmen Ort 15 Minuten gehen lassen.

2. Butter schmelzen, mit Salz zum Vorteig geben und alles zu einem Hefeteig verarbeiten. Teig kräftig abschlagen, bis er Blasen wirft und sich vom Schüsselrand löst. 15 Minuten abgedeckt an einem warmen Ort gehen lassen.

3. Backofen auf 200 Grad vorheizen. Zwiebeln, schälen, in dünne Scheiben schneiden. Speck würfeln und ausbraten. Zwiebeln zugeben und glasig braten.

4. Teig kurz durchkneten, auf bemehlter Fläche ausrollen und Blech damit belegen. Crème fraîche mit Eiern, etwas Salz und Kümmel verrühren, mit Zwiebel-Speck-Mischung vermengen. Masse auf dem Teig verteilen. Kuchen 15 Minuten gehen lassen, Backofen auf 200 Grad vorheizen.

5. Kuchen im heißen Ofen auf mittlerer Schiebeleiste 45 Minuten backen. Heißen Kuchen in Stücke schneiden und servieren.

Mein Tipp:

(für 1 Backblech)

300 g Mehl
20 g frische Hefe
⅛ l lauwarme Milch
80 g Butter
1 TL Salz
1 ½ kg Zwiebeln
120 g durchwachsener Speck
220 g Crème fraîche
4 Eier
Salz
½ TL Kümmel
Fett für das Blech

Winter

Apfel-Streusel-Kuchen

(für 1 Backblech)

Für den Teig:

- **250 g Mehl**
- **15 g Hefe**
- **25 g Zucker**
- **⅛ l lauwarme Milch**
- **30 g Butter**
- **1 Ei**
- **1 Prise Salz**
- **1 TL abgeriebene unbehandelte Zitronenschale**
- **Butter für das Blech**
- **Mehl zum Ausrollen**

Für den Belag:

- **1 kg Äpfel**
- **350 g Mehl**
- **200 g Zucker**
- **1 Päckchen Vanillinzucker**
- **200 g Butter**
- **100 g Rosinen**

1. Ein Backblech einfetten. Mehl in eine Schüssel sieben, in die Mitte eine Mulde drücken, Hefe hineinbröckeln. Mit etwas Zucker, Mehl und Milch zum Vorteig rühren und zugedeckt 15 Minuten an einem warmen Ort gehen lassen.

2. Restlichen Zucker, zerlassene Butter, Ei, Salz und Zitronenschale zufügen und alles zu einem Hefeteig verarbeiten. Teig kräftig abschlagen, bis er Blasen wirft. 15 Minuten abgedeckt an einem warmen Ort gehen lassen.

3. Inzwischen Äpfel schälen, vierteln, vom Kernhaus befreien und in Scheiben schneiden. Teig auf bemehlter Arbeitsfläche ausrollen und das Blech damit belegen. Apfelscheiben dicht auf dem Teig anordnen. Backofen auf 210 Grad vorheizen.

4. Für die Streusel Mehl in eine Schüssel sieben, mit Zucker, Vanillinzucker und zerlassener Butter verkrümeln. Streusel auf den Äpfeln verteilen und Rosinen darüber streuen.

5. Kuchen auf mittlerer Einschubhöhe im heißen Ofen 25–30 Minuten backen. Abgekühlt in Stücke schneiden und frisch servieren.

Mein Tipp:

Apfelkuchen mit Guss

(für 1 Pie-Form, 24–26 cm Ø)

- **200 g Mehl**
- **½ TL Backpulver**
- **100 g Butter**
- **1 Eigelb**
- **20 g Zucker**
- **1 Päckchen Vanillinzucker**
- **1 Prise Salz**
- **1 kg säuerliche Äpfel (etwa Boskop)**
- **2 EL Zitronensaft**
- **100 g Zucker**
- **3 Eier**
- **⅛ l Sahne**
- **1 Vanillestange**

1. Mehl mit Backpulver sieben, mit Butter in Flöckchen, Eigelb, Zucker, Vanillinzucker, Salz und 2 Esslöffel kaltem Wasser zu einem Mürbeteig verkneten. Teig in Folie gewickelt 2 Stunden kalt stellen.

2. Äpfel schälen, vierteln und vom Kernhaus befreien. Apfelviertel gleichmäßig fächerartig einschneiden, mit Zitronensaft bestreichen. Backofen auf 200 Grad vorheizen.

3. Teig etwa 4 Millimeter dünn ausrollen, eine Pie-Form mit glattem Rand damit auslegen. Boden mehrmals mit einer Gabel einstechen, mit den Apfelvierteln belegen. Kuchen im heißen Ofen 25 Minuten backen.

4. Zucker mit Eiern schaumig rühren, Sahne und ausgeschabtes Mark der Vanillestange unterrühren. Guss auf dem Kuchen verteilen, Kuchen noch 20–30 Minuten backen.

5. Apfelkuchen in der Form abkühlen lassen, auf ein Kuchengitter heben und völlig auskühlen lassen.

Mein Tipp:

Apfel-Käse-Kuchen

(für 1 Backblech)

Für den Teig:

125 g Butter, 100 g Zucker
1 Päckchen Vanillinzucker
1 Prise Salz, 2 Eier
200 g Mehl
1 ½ TL Backpulver
Fett für das Blech

Für den Belag:

500 g Magerquark
140 g Zucker
2 Päckchen Vanillinzucker
150 g Butter
2 Eier (getrennt)
100 g Speisestärke
1 ¼ kg mürbe Äpfel (etwa Cox Orange)

Zum Bestreuen:

3 EL Zucker
2 TL gemahlener Zimt

1. Den Backofen auf 200 Grad vorheizen. Weiche Butter mit Zucker, Vanillinzucker und Salz schaumig rühren. Eier einzeln unterrühren. Mehl mit Backpulver mischen, löffelweise unterrühren. Ein Backblech einfetten, Teig darauf streichen, im heißen Ofen 15 Minuten backen.

2. Inzwischen Quark, Zucker, Vanillinzucker, weiche Butter und Eigelbe in einer Schüssel cremig verrühren. Eiweiße steif schlagen, auf die Quarkcreme häufen, Speisestärke darüber sieben und alles locker mit dem Schneebesen vermengen.

3. Äpfel schälen, vierteln, vom Kernhaus befreien und in dünne Scheiben schneiden. Teig aus dem Ofen nehmen. Mit einer Lage Äpfel bedecken, Quarkcreme darüber streichen und mit restlichen Apfelscheiben bedecken. Kuchen noch 1 Stunde backen.

4. Kuchen aus dem Ofen nehmen. Zucker mit Zimt mischen und Kuchen noch warm damit bestreuen. In etwa 20 Stücke schneiden und auf einem Kuchengitter auskühlen lassen.

Mein Tipp:

Mohn-Apfel-Kuchen

1. Mehl mit Backpulver sieben, mit Butter in Flocken, Zucker, Eier, Zitronenschale und Rum zu einem Mürbeteig verkneten. Abgedeckt 1 Stunde kühl stellen.

2. Mohn mit Milch, Schokolade, Zucker, Rumrosinen, Zimt und Rum aufkochen, 15 Minuten bei abgeschalteter Hitze ausquellen lassen.

3. Äpfel schälen, vierteln, vom Kernhaus befreien, würfeln und mit Zitronensaft, Vanillinzucker, etwas Zucker und Zitronenschale knapp weich dünsten. Backofen auf 180 Grad vorheizen.

4. Für die Streusel Mehl mit kalter Butter, Zucker und Zimt abbröseln.

5. Teig ausrollen und Boden und Rand der gefetteten Springform damit auslegen. Darauf nacheinander Mohnfülle, Apfelfülle und Streusel verteilen. Im heißen Ofen etwa 1 Stunde backen. Auf einem Kuchengitter auskühlen lassen.

Mein Tipp:

(für 1 Springform, 26 cm Ø)

Für den Teig:

300 g Mehl
1 Päckchen Backpulver
180 g Butter, 120 g Zucker
2 Eier
abgeriebene Schale von 1 unbehandelten Zitrone
1–2 EL Rum
Fett für die Form

Für die Mohnfüllung:

250 g fein gemahlener Mohn
⅜ l Milch
2 Rippen Schokolade
75 g Zucker
50 g Rumrosinen
½ TL gemahlener Zimt
2 EL Rum

Für die Apfelfüllung:

1 kg mürbe Äpfel
2 EL Zitronensaft
2 Päckchen Vanillinzucker
Zucker nach Geschmack
etwas abgeriebene unbehandelte Zitronenschale

Für die Streusel:

120 g Mehl, 120 g Butter
120 g Zucker
1 TL gemahlener Zimt

Birnen-Walnuss-Kuchen

(für 1 Springform, 26 cm Ø)

Für den Teig:

150 g Mehl

100 g gemahlene Walnüsse

75 g Zucker

1 Prise Salz

150 g kalte Butter

1 Ei

Fett für die Form

Mehl für die Arbeitsfläche

Für den Belag:

2 EL Honig

1 Stück Vanillestange

2 EL Zitronensaft

1 kg Birnen

2 Eier

200 g Crème fraîche

2 EL Puderzucker

1. Mehl, Nüsse, Zucker und Salz auf eine Arbeitsfläche geben. Butter in Flocken am Mehlrand verteilen. Ei in die Mitte geben und alles rasch zu einem Mürbeteig verkneten. In Folie gewickelt 1 Stunde kühl stellen.

2. ⅛ Liter Wasser mit Honig, aufgeschnittener Vanillestange und Zitronensaft 3 Minuten kochen lassen. Birnen schälen, vierteln, vom Kernhaus befreien und in den Sirup legen. Backofen auf 175 Grad vorheizen.

3. Eine Springform einfetten. Teig auf bemehlter Arbeitsfläche ausrollen, Boden und Rand der Form damit auskleiden. Abgetropfte Birnen darauf verteilen. Sirup auffangen.

4. Eier trennen. Crème fraîche mit Eigelben und so viel Honigsirup verrühren, dass eine sämige Masse entsteht. Eiweiße mit Puderzucker steif schlagen, unter die Eiercreme heben und über den Birnen verteilen.

5. Kuchen im heißen Ofen etwa 40 Minuten backen. In der Form etwas abkühlen lassen, auf ein Kuchengitter heben.

Mein Tipp:

Kürbiskuchen

1. Kürbis putzen, Fleisch grob würfeln, in Milch mit Salz in 20 Minuten weich kochen. Boden der Springform mit Backpapier auskleiden. Kürbisstücke auf einem Sieb abtropfen lassen, dann pürieren.

2. Backofen auf 180 Grad vorheizen. Eier trennen, Eigelbe mit 100 Gramm Zucker und Vanillinzucker schaumig schlagen, Zitrusschalen, Bittermandelöl, Mandeln und löffelweise Mehl und Speisestärke unterrühren. Amaretti zerbröseln, mit den Rosinen unter den Teig rühren.

3. Eiweiße mit restlichem Zucker zu steifem Schnee schlagen. Eischnee unter den Teig heben. Teig in die Form füllen, glatt streichen, mit Pinienkernen und Pistazien bestreuen und im heißen Ofen 45–50 Minuten backen. Auf einem Kuchengitter auskühlen lassen.

Mein Tipp:

(für 1 Springform, 26 cm Ø)

- **1 kg Hokkaido-Kürbis (ungeputzt gewogen)**
- **½ l Milch, ½ TL Salz**
- **5 Eier, 140 g Zucker**
- **2 Päckchen Vanillinzucker**
- **abgeriebene Schale von je 1 unbehandelten Zitrone und Orange**
- **3 Tropfen Bittermandelöl**
- **200 g gemahlene Mandeln**
- **50 g Mehl, 50 g Speisestärke**
- **100 g Amaretti (italienische Mandelplätzchen)**
- **100 g Rosinen**
- **50 g Pinienkerne**
- **30 gehackte Pistazien (ungesalzen)**

Nussröllchen

(für 18 Stück)

400 g Weizenmehl	
100 g Dinkelmehl (Type 630)	
1 Würfel frische Hefe (42 g)	
125 g Zucker	
¼ l lauwarme Milch	
110 g Butter	
2 Eier	
1 Prise Salz	
250 g gemahlene geröstete Haselnüsse (oder Walnüsse)	
1 Prise Zimt	
1 TL abgeriebene unbehandelte Zitronenschale	
2 Tropfen Bittermandelaroma	
Mehl für die Arbeitsfläche	
Fett für das Blech	
1 Eigelb	
Puderzucker zum Besieben	

1. Beide Mehlsorten in eine große Schüssel sieben. In die Mitte eine Mulde drücken, Hefe hineinbröckeln und mit 1 Teelöffel Zucker, 75 Millilitern Milch und wenig Mehl zu einem Vorteig rühren. Zugedeckt an einem warmen Ort etwa 20 Minuten gehen lassen.

2. 35 Gramm Zucker, 50 Milliliter Milch, 80 Gramm weiche Butter in Flöckchen, Eier und Salz zum Mehl geben und alles zu einem Hefeteig verarbeiten. Teig kräftig kneten. Zu einer Kugel formen und 20–30 Minuten abgedeckt an einem warmen Ort gehen lassen.

3. Inzwischen Nüsse, restlichen Zucker, Gewürze und 125 Milliliter Milch zu einer streichfähigen Masse verrühren.

4. Hefeteig nochmals kurz durchkneten, auf bemehlter Arbeitsfläche dünn ausrollen. In 18 Rechtecke (etwa 8 mal 10 Zentimeter) schneiden.

5. Ofen auf 180 Grad vorheizen, ein Blech einfetten. Nussmasse auf die Rechtecke streichen, diese von der Längsseite her aufrollen, mit Eigelb bestreichen und mit der Naht nach unten auf das Blech setzen. Zugedeckt 10 Minuten gehen lassen.

6. Röllchen im heißen Ofen 20–25 Minuten backen. Restliche Butter schmelzen, noch warme Röllchen damit bestreichen und dick mit Puderzucker besieben.

Mein Tipp:

Großmutters Sultanschnitten

1. Mehl mit Natron, Safran und 1 Prise Salz mischen, Butter zugeben. 4 Esslöffel Orangenblütenwasser mit 100 Milliliter lauwarmem Wasser mischen, zugießen und alles zu einem glatten Teig verkneten. Mit Klarsichtfolie bedecken und 30 Minuten ruhen lassen.

2. Datteln entsteinen, sehr fein hacken, mit 50 Gramm Mandeln, Orangenschale, Zimt und restlichem Orangenblütenwasser mischen.

3. Teig in 4 Stücke schneiden. Jedes Stück zu einem Rechteck ausrollen, in die Mitte die Füllung als Streifen verteilen. Eine Teigseite darüber schlagen, mit Eiweiß bestreichen, zweite Teigseite darüber schlagen, festdrücken. Teig schräg in 5 Zentimeter breite Streifen schneiden.

4. ½ Liter Wasser mit Zucker aufkochen, Honig unterrühren, vom Feuer nehmen. Öl in einer tiefen Pfanne erhitzen, Teigstücke portionsweise je 2 Minuten unter Wenden darin frittieren, auf Küchenpapier entfetten.

5. Gebäck in den Sirup tauchen, abtropfen lassen und mit restlichen Mandeln bestreuen. Frisch servieren.

Mein Tipp:

(für etwa 20 Stück)

- **400 g Mehl**
- **1 Msp. Natron**
- **1 Msp. Safranpulver**
- **Salz**
- **100 g zerlassene Butter**
- **6 EL Orangenblütenwasser (Apotheke)**
- **700 g frische Datteln (oder 400 g getrocknete)**
- **130 g gehackte Mandeln**
- **2 TL abgeriebene unbehandelte Orangenschale**
- **1 TL gemahlener Zimt**
- **1 Eiweiß**
- **200 g Zucker**
- **250 g Honig**
- **Öl zum Frittieren**

Linzer Schnitten

(für 1 Backblech)

Für den Teig:

500 g Mehl

½ Päckchen Backpulver

2 EL Kakaopulver

300 g Zucker

1 Ei

1 Fläschchen Rumaroma

6 Tropfen Bittermandelöl

abgeriebene Schale von 1 unbehandelten Zitrone

2–3 TL gemahlener Zimt

2 Msp. gemahlene Nelken

300 g Butter

300 g gemahlene Haselnusskerne

Zum Bestreichen:

450 g Johannisbeer- oder Himbeerkonfitüre

1 Eigelb

1 ½ EL Sahne

1. Teigzutaten in einer großen Rührschüssel mischen und mit den Knethaken des Handrührgerätes gut durcharbeiten. Mit den Händen zu einem glatten Teig verkneten und abgedeckt 2 Stunden kalt stellen.

2. Den Backofen auf 200 Grad vorheizen. Gut die halbe Teigmenge auf einem Backblech ausrollen, gleichmäßig mit Konfitüre bestreichen.

3. Restlichen Teig portionsweise auf bemehlter Arbeitsfläche ausrollen und 1 Zentimeter breite Streifen ausradeln. Als Gitter auf die Teigplatte legen. Eigelb mit Sahne verschlagen und das Teiggitter damit bestreichen.

4. Teig im vorgeheizten Ofen 25–30 Minuten backen. Etwas abkühlen lassen, in Rechtecke schneiden und auf einem Kuchengitter auskühlen lassen.

Die Schnitten halten sich in einer Blechdose aufbewahrt, 3 Wochen frisch.

Mein Tipp:

Apfeltaschen

(für etwa 15 Stück)

Für die Füllung:

- 750 g Äpfel
- 50 g Rosinen
- 60 g Zucker
- etwas Zitronensaft

Für den Teig:

- 300 g Mehl
- 1 Päckchen Backpulver
- 150 g Magerquark
- 6 EL Milch
- 6 EL Sonnenblumenöl
- 75 g Zucker
- 1 Päckchen Vanillinzucker
- 1 Prise Salz
- Milch zum Bestreichen
- 100 g Puderzucker für den Guss
- Fett für das Backblech

1. Äpfel schälen, vierteln, vom Kernhaus befreien und in Würfel schneiden. Mit Rosinen und Zucker knapp weich dünsten, auskühlen lassen. Mit etwas Zitronensaft abschmecken.

2. Mehl mit Backpulver mischen und in eine Schüssel sieben. Quark, Milch, Öl, Zucker, Vanillinzucker und Salz zugeben und alles mit den Knethaken des Handrührgerätes vermischen. Backofen auf 180–200 Grad vorheizen.

3. Teig auf einer Arbeitsfläche zu einer Rolle formen, dünn ausrollen und Kreise von etwa 10 Zentimeter Durchmesser ausstechen. Auf eine Teighälfte jeweils etwas Apfelfülle geben, zweite Teighälfte darüber klappen, Ränder gut andrücken und Apfeltaschen auf ein gefettetes Blech legen.

4. Apfeltaschen im vorgeheizten Ofen etwa 15 Minuten backen. Inzwischen Puderzucker mit etwas heißem Wasser zu einer dickflüssigen Masse anrühren. Noch heiße Apfeltaschen damit glasieren. Auf einem Kuchengitter trocknen lassen.

Mein Tipp:

Mürbe Brezeln

(für etwa 15 Stück)

300 g Blätterteig (tiefgekühlt)
300 g Mehl
2 Eigelb
100 g Zucker
200 g Butter
etwa ½ Tasse Aprikosenmarmelade
Mehl für die Arbeitsfläche

1. Blätterteig nach Packungsangabe auftauen. Mehl sieben, mit 1 Eigelb, Zucker und Butter zu einem Mürbeteig verarbeiten. Abgedeckt 1–2 Stunden kühl stellen.

2. Blätterteig auf bemehlter Arbeitsfläche leicht ausrollen. Mürbeteig zu einem Rechteck von etwa 50 mal 35 Zentimetern ausrollen. Mit restlichem Eigelb bestreichen. Blätterteigplatten auf den Mürbeteig legen, leicht andrücken.

3. Teigplatte in 1 ½ Zentimeter breite Streifen schneiden, spiralförmig drehen, so dass die Seite mit dem Blätterteig außen ist. Spiralen zu Brezeln formen, Enden gut andrücken. Brezeln auf ein Backblech legen, 15 Minuten ruhen lassen. Backofen auf 220 Grad vorheizen.

4. Brezeln auf mittlerer Schiene im heißen Ofen 15 Minuten backen. Auf ein Kuchengitter legen. Marmelade bei schwacher Hitze verrühren, Brezeln noch warm damit bestreichen. Noch am selben Tag servieren.

Mein Tipp:

Mokka-Eclairs

1. Backofen auf 200 Grad vorheizen. ¼ Liter Wasser mit Butter und Salz aufkochen lassen. Vom Feuer nehmen und Mehl dazuschütten, schnell unterrühren. Den Topf wieder auf die Platte stellen und bei schwacher Hitze rühren, bis sich ein Teigkloß gebildet hat. Am Topfrand soll sich eine weiße Haut absetzen. Topf vom Feuer nehmen und ein Ei unterrühren. Den Teig 5 Minuten abkühlen lassen, restliche Eier einzeln unterrühren. Der Teig soll schwer reißend vom Löffel fallen, dann hat er die richtige Konsistenz.

2. Teig mit einem Spritzbeutel mit Sterntülle in fingerlangen Stäbchen auf ein gefettetes, mit Mehl bestäubtes Blech spritzen. Im vorgeheizten Ofen auf mittlerer Schiene 45 Minuten backen. Den Ofen in den ersten 20 Minuten nicht öffnen!

3. Milch mit Zucker, Vanillinzucker und Salz aufkochen. Speisestärke kalt anrühren, unter Rühren in die Milch gießen, einmal aufkochen lassen. Kaffeepulver und kalt eingeweichte Gelatine darin auflösen, abkühlen lassen, dabei ab und zu umrühren.

4. Sahne steif schlagen und unter die Creme ziehen. Für die Glasur Puderzucker mit 3 Esslöffel Wasser und Pulverkaffee verrühren. Teigstücke quer durchschneiden und auskühlen lassen. Teigdeckel mit Glasur bestreichen und trocknen lassen.

5. Creme in einen Spritzbeutel füllen und in die unteren Teighälften spritzen. Je einen Deckel aufsetzen, frisch servieren.

Mein Tipp:

(für etwa 12 Stück)

Für den Teig:

- **50 g Butter**
- **1 Prise Salz**
- **150 g Mehl**
- **4 Eier**
- **Butter und Mehl für das Blech**

Für die Füllung:

- **¼ l Milch**
- **60 g Zucker**
- **1 Päckchen Vanillinzucker**
- **1 Prise Salz**
- **30 g Speisestärke**
- **3 TL Instant-Kaffee**
- **3 Blatt weiße Gelatine**
- **¼ l Sahne**

Für die Glasur:

- **150 g Puderzucker**
- **2 TL Instant-Kaffee**

Mohntorte

(für 1 Springform, 26 cm Ø)

- **4 Eier**
- **125 g Butter**
- **100 g Puderzucker**
- **60 g Zitronat**
- **40 g Zucker**
- **160 g fein gemahlener Mohn**
- **Fett und Mehl für die Form**
- **Puderzucker zum Besieben**

1. Den Backofen auf 180 Grad vorheizen. Eier trennen, weiche Butter mit Puderzucker und Eigelben schaumig rühren. Zitronat sehr fein würfeln, unterrühren. Eiweiße mit Zucker steif schlagen. Abwechselnd mit Mohn löffelweise unter die Schaummasse ziehen.

2. Springform einfetten und bemehlen. Teig in die Form füllen und glatt streichen. Teig im vorgeheizten Ofen 1 Stunde backen. Torte auf einem Kuchengitter auskühlen lassen und mit Puderzucker besieben.

Mein Tipp:

Vanilletorte

(für 1 Springform, 26 cm Ø)

- **380 g Kuvertüre aus Bitterschokolade**
- **60 g fein gewürfeltes Zitronat**
- **50 g gehackte Mandeln**
- **110 g Mehl**
- **50 g Butter**
- **300 g Marzipan-Rohmasse**
- **140 g Zucker**
- **Mark von 2 Vanillestangen**
- **6 Eigelb**
- **5 Eiweiß**
- **40 g Aprikosenmarmelade**
- **90 g Puderzucker**
- **Fett und Paniermehl für die Form**

1. Springform mit Backpapier auslegen, Rand einfetten und mit Paniermehl ausstreuen. Den Backofen auf 190 Grad vorheizen.

2. 80 Gramm Kuvertüre in kleine Stücke schneiden, mit Zitronat, Mandeln und Mehl mischen. Butter mit 150 g Marzipan-Rohmasse verkneten. 40 Gramm Zucker, Vanillemark und 1 Eigelb zugeben, alles schaumig rühren. Restliche Eigelbe unterrühren. Eiweiße steif schlagen, restlichen Zucker zufügen, schnittfest schlagen. Eischnee unter die Marzipanmasse heben. Trockene Mischung unterziehen.

3. Teig in die Springform füllen, glatt streichen. Im heißen Ofen 40–45 Minuten backen. In der Form etwas abkühlen lassen, auf ein Kuchengitter heben und auskühlen lassen. Das Backpapier abziehen.

4. Tortenoberfläche und Tortenrand mit erwärmter Marmelade bestreichen. Restliches Marzipan mit Puderzucker verkneten, dünn auf Größe der Torte ausrollen, auf die Torte legen. 300 Gramm Kuvertüre im Wasserbad schmelzen, Torte damit überziehen. 12 Stücke markieren, Glasur erstarren lassen.

Mein Tipp:

Torte St. Honore

1. Blätterteig nach Packungsanweisung auftauen lassen. Zu einer Platte von 27 Zentimetern Ø ausrollen. Auf ein kalt abgespültes Backblech legen und mehrmals mit einer Gabel einstechen.

2. Backofen auf 220 Grad vorheizen. Für den Brandteig 150 Milliliter Wasser mit Butter und Salz aufkochen, vom Feuer nehmen und gesiebtes Mehl dazuschütten, schnell unterrühren. Topf wieder auf die Platte stellen und bei schwacher Hitze rühren, bis sich der Teig als Kloß vom Topfboden löst und sich am Boden ein weißer Belag bildet. Teig in eine Schüssel geben und ein Ei unterrühren. Etwas abkühlen lassen, restliche Eier einzeln unterrühren.

3. Brandteig in einen Spritzbeutel mit Sterntülle füllen. Einen mittleren und einen äußeren Kreis auf den Blätterteigboden spritzen, in die Mitte einen Teigtupfen setzen. Restlichen Teig auf ein gefettetes Blech in 16 kleinen Tupfern aufspritzen.

4. Teigboden 15–18 Minuten im vorgeheizten Ofen backen. Windbeutel in 15–18 Minuten backen.

5. Milch mit ausgekratztem Mark der Vanillestange und 30 Gramm Zucker aufkochen. Eier trennen, Eigelbe mit Speisestärke und etwas Milch verrühren. Mischung in die Milch gießen und unter Rühren ein paar Mal aufkochen lassen. 4 Eiweiß steif schlagen, dabei restlichen Zucker einrieseln lassen. ¾ der Masse unter die kochende Vanillecreme rühren und diese sofort auf den Teigboden füllen, kuppelförmig glatt streichen.

6. Aus restlicher Baisermasse ein Gitter auf den Kuchen spritzen. Im heißen Ofen oder unter dem vorgeheizten Grill bräunen.

7. Für den Guss Zucker mit 50 Milliliter Wasser kochen, bis die Flüssigkeit klar ist. Vom Feuer nehmen und die kleinen Brandteigkugeln eintauchen. Als Kreis auf den Tortenrand setzen. Torte vor dem Servieren 1 Stunde kühl stellen.

Mein Tipp:

(für 16 Stück)

150 g Blätterteig (tiefgekühlt)

Für den Brandteig:

50 g Butter
1 Msp. Salz
150 g Mehl
3 Eier
Fett für das Blech

Für die Füllung:

300 ml Milch
1 Vanillestange
200 g Zucker
3 Eier
30 g Speisestärke
1 Eiweiß

Für die Glasur:

150 g Zucker

Christstollen

(für 3 Stollen)

- **1 kg Mehl**
- **100 g frische Hefe**
- **⅜ l lauwarme Milch**
- **100 g Zucker**
- **2 Eier**
- **1 Vanillestange**
- **1 TL abgeriebene unbehandelte Zitronenschale**
- **½ TL Salz**
- **400 g Butter**
- **200 g Mehl**
- **340 g Rosinen**
- **120 g gehackte, gehäutete Mandeln**
- **je 75 g gehacktes Orangeat und Zitronat**
- **2 cl Rum**
- **150 g Butter**
- **150 g Zucker**
- **Butter für das Blech**
- **Puderzucker**

1. Ein Backblech mit Pergamentpapier auslegen und dieses mit Butter bestreichen. 1 Kilogramm Mehl in eine Schüssel sieben, in die Mitte eine Vertiefung drücken. Hefe hineinbröckeln und mit Milch, etwas Zucker und Mehl vom Rand verrühren. 20 Minuten zugedeckt an einem warmen Ort gehen lassen.

2. Restlichen Zucker, Eier, ausgeschabtes Mark der Vanillestange und Salz zufügen und alles zu einem Hefeteig verarbeiten. Weitere 15 Minuten zugedeckt an einem warmen Ort gehen lassen.

3. 400 Gramm Butter mit 200 Gramm Mehl verkneten und unter den Hefeteig arbeiten. Teig wieder 15 Minuten gehen lassen.

4. Rosinen mit Mandeln, Zitronat und Orangeat mischen, Rum darüber gießen und zugedeckt ziehen lassen. Mischung unter den Teig kneten und diesen weitere 15 Minuten gehen lassen.

5. Teig in drei Stücke teilen und diese zu je 30 Zentimeter Länge ausrollen, leicht auswellen, so dass der Teig in der Mitte dünner als an den Rändern ist. Teigstücke jeweils längs zusammenschlagen und auf das Blech legen. Zugedeckt 20 Minuten gehen lassen.

6. Inzwischen den Backofen auf 200–210 Grad vorheizen. Die drei Stollen 60–80 Minuten im vorgeheizten Ofen backen.

7. 150 Gramm Butter zerlassen. Die noch heißen Stollen damit bestreichen und dick mit Puderzucker besieben.

Ausgekühlte Stollen gut in Pergamentpapier oder Alufolie verpacken und kühl aufbewahren.

Mein Tipp:

Früchtebrot

1. Backpflaumen, Kletzen und Feigen in 1 Liter Wasser über Nacht einweichen.

2. Ein Blech mit Butter einfetten. Früchte abtropfen lassen und klein würfeln. Haselnüsse, Mandeln und Walnüsse grob hacken. Rosinen, Korinthen, Zitronat und Orangeat mit Früchten und Nüssen mischen.

3. Zucker, Gewürze, Rum und Zitronensaft zugeben, alles gründlich durchmischen und zugedeckt 30 Minuten ziehen lassen.

4. Backofen auf 200 Grad vorheizen. Brotteig mit Mehl und Fruchtmischung verkneten. 2 Brote aus dem Teig formen, mit etwas Wasser glatt streichen und mit Mandelhälften und kandierten Früchten belegen.

5. Auf unterer Schiene im vorgeheizten Ofen 1 Stunde und 15 Minuten backen. Gut auskühlen lassen. Zum Aufbewahren in Blechdosen füllen oder in Alufolie einwickeln.

Mein Tipp:

(für 2 Brote)

- **200 g Backpflaumen (ohne Kern)**
- **300 g Kletzen (getrocknete Birnen)**
- **200 g getrocknete Feigen**
- **100 g Haselnüsse**
- **100 g gehäutete Mandeln**
- **100 g Walnusskerne**
- **100 g Rosinen**
- **100 g Korinthen**
- **je 50 g gewürfeltes Orangeat und Zitronat**
- **120 g Farinzucker**
- **½ TL gemahlener Zimt**
- **je 1 Msp. gemahlene Nelken und Anis**
- **1 Prise Salz**
- **2–3 EL Rum**
- **2 EL Zitronensaft**
- **100 g Roggenbrotteig (vom Bäcker oder selbstgemacht)**
- **200 g Mehl**
- **50 g gehäutete, halbierte Mandeln**
- **70 g gemischte kandierte Früchte**
- **Butter für das Blech**

Elisenlebkuchen

(für etwa 15 Stück)

2 Eier

90 g Honig

je 1 Msp. gemahlene Nelken und Muskatblüte

1 gestr. EL gemahlener Zimt

1 Prise Salz

abgeriebene Schale von 1 unbehandelten Zitrone

175 g gemahlene Mandeln

175 g gemahlene Haselnüsse

1 TL Backpulver

2 EL Mehl

175 g fein gewürfeltes Zitronat

85 g fein gewürfeltes Orangeat

45 Backoblaten

Schokoladenglasur

1. Eier mit Honig schaumig rühren. Gewürze, Mandeln, Nüsse, mit Backpulver gemischtes Mehl, Zitronat und Orangeat unterziehen. Backofen auf 150–175 Grad vorheizen.

2. Oblaten auf Bleche verteilen. Teig etwa 1 Zentimeter hoch aufstreichen (in der Mitte etwas erhöht), dabei einen ½ Zentimeter breiten Rand frei lassen.

3. Im vorgeheizten Ofen 25 Minuten backen. Abgekühlt mit Schokoladenglasur überziehen. Auf einem Kuchengitter trocknen lassen, in eine Blechdose schichten.

Mein Tipp:

Honigkuchen

1. Honig mit Gewürzen und Natron langsam aufkochen, vom Herd nehmen.

2. Zimmerwarme Butter, Zucker und Eier schaumig schlagen, nach und nach Aromen, Salz, Zitrusschalen und Kakaopulver unterrühren.

3. Den Backofen auf 130 Grad vorheizen. Eine Kastenform einfetten. Abgekühlte Honigmasse löffelweise unter die Buttermischung ziehen. Mehl, bis auf 2 Esslöffel, unterrühren.

4. Rosinen, Korinthen, Orangeat und Zitronat mit 2 Esslöffel Mehl und Walnusskernen mischen. Mischung nach und nach unter den Teig arbeiten.

5. Teig in die Form füllen und im heißen Ofen auf unterster Schiene etwa 1 Stunde und 35 Minuten backen.

6. Honigkuchen aus der Form stürzen und auf einem Kuchengitter abkühlen lassen. Kuvertüre nach Packungsangabe schmelzen und Kuchen damit überziehen. Glasur fest werden lassen. Honigkuchen in einer Blechdose aufbewahren.

Mein Tipp:

(für 1 Kastenform, 30 cm)

- **250 g Honig**
- **1 TL gemahlener Zimt**
- **½ TL gemahlener Ingwer**
- **1 Prise geriebene Muskatnuss**
- **2 TL Natron**
- **200 g Butter**
- **125 g brauner Zucker**
- **3 Eier**
- **1 Fläschchen Rumaroma**
- **3 Tropfen Bittermandelaroma**
- **1 Prise Salz**
- **1 TL abgeriebene unbehandelte Zitronenschale**
- **2 TL abgeriebene unbehandelte Orangenschale**
- **2 TL Kakaopulver**
- **500 g Mehl**
- **je 75 g Rosinen und Korinthen**
- **je 75 g fein gehacktes Orangeat und Zitronat**
- **250 g gehackte Walnusskerne**
- **200 g Kuvertüre**
- **Fett für die Form**

Gewürzherzen

(für etwa 25 Stück)

- **220 g Mehl**
- **½ Päckchen Backpulver**
- **100 g Zucker**
- **je 1 Msp. gemahlener Zimt, Nelken und Ingwer**
- **100 g Butter**
- **40 g gemahlene Haselnüsse**
- **1 Eigelb**
- **1 TL Sahne**
- **gehacktes Zitronat und gehackte Mandeln zum Bestreuen**
- **Fett für das Blech**

1. Mehl mit Backpulver mischen. Zucker, Gewürze, Butter in Stückchen und Haselnüsse zugeben und alles zu einem Mürbeteig verkneten. Zugedeckt 30 Minuten kalt stellen.

2. Backofen auf 175 Grad vorheizen. Teig auf bemehlter Arbeitsfläche ½ Zentimeter dick ausrollen. Mit einer Form Herzen ausstechen und auf ein gefettetes Blech legen.

3. Eigelb mit Sahne verquirlen und Plätzchen damit bestreichen. Herzen mit etwas Zitronat oder Mandeln bestreuen. Im vorgeheizten Ofen in etwa 12 Minuten lichtgelb backen.

Mein Tipp:

Mandelherzen

1. Butter mit Puderzucker und 1 Eigelb schaumig rühren. Gemahlene Mandeln und Mehl darüber geben und alles zügig zu einem Mürbeteig verkneten. Zu einer Kugel formen und zugedeckt 2 Stunden kühl stellen.

2. Backofen auf 200 Grad vorheizen. Teig auf bemehlter Arbeitsfläche ½ Zentimeter dick ausrollen, mit einem Förmchen Herzen ausstechen. Auf 1–2 Bleche legen. Restliches Eigelb verquirlen, Herzen damit bestreichen und mit je 2 halben Mandeln belegen.

3. Plätzchen im vorgeheizten Ofen auf mittlerer Schiene 8–10 Minuten backen. Etwas abkühlen lassen, auf ein Kuchengitter heben und ganz auskühlen lassen.

(für etwa 35 Stück)

- **250 g Butter**
- **125 g Puderzucker**
- **2 Eigelb**
- **100 g gemahlene Mandeln**
- **350 g Mehl**
- **80 g gehäutete halbierte Mandeln**
- **Mehl für die Arbeitsfläche**

Mein Tipp:

Schwarz-Weiß-Gebäck

1. Butter mit Puderzucker, Vanillinzucker und Salz verkneten. Mehl dazusieben und unterkneten. Teig halbieren, eine Hälfte mit Kakaopulver verkneten. Beide Teigstücke zugedeckt 2 Stunden kühl stellen.

2. Von jeder Teighälfte je ein Stück abschneiden, beide Stücke auf bemehlter Arbeitsfläche 2 Millimeter dünn ausrollen. Eine Teigplatte mit Eiweiß bestreichen, zweite darauf legen und alles zu einer Rolle formen. 1 Stunde kühl stellen.

3. Backofen auf 190 Grad vorheizen. Teig in Scheiben schneiden und auf ein Blech legen. Im vorgeheizten Ofen 10 Minuten backen. Etwas abkühlen lassen, auf ein Kuchengitter legen und völlig auskühlen lassen.

(für etwa 35 Stück)

- **300 g Butter**
- **140 g Puderzucker**
- **1 Päckchen Vanillinzucker**
- **1 Prise Salz**
- **400 g Mehl**
- **35 g Kakaopulver**
- **1 Eiweiß**
- **Mehl für die Arbeitsfläche**

Mein Tipp:

Dattelecken

(für etwa 40 Stück)

150 g Butter
80 g Zucker
1 Päckchen Vanillinzucker
1 Prise Salz
6 Eigelb
150 g Mehl
1 TL Backpulver
150 g gehackte Walnusskerne
Fett für das Blech
200 g getrocknete Datteln
200 g Zartbitterkuvertüre

1. Weiche Butter mit Zucker, Vanillinzucker, Salz und Eigelben schaumig rühren. Mehl mit Backpulver mischen und darüber sieben. Walnusskerne und 3 Esslöffel Wasser unterrühren.

2. Backofen auf 180 Grad vorheizen, ein Backblech einfetten. Datteln entkernen und würfeln, unter den Teig mengen. Den Teig etwa 1 ½ Zentimeter dick auf das Blech streichen. Die Oberfläche mit einem breiten Messer glätten.

3. Teig im heißen Ofen 15–20 Minuten backen, herausnehmen und auf dem Blech abkühlen lassen. Die Teigplatte in Quadrate von etwa 6 mal 6 Zentimeter schneiden, diese diagonal in Dreiecke schneiden.

4. Ein Kuchengitter mit Pergamentpapier auslegen. Kuvertüre nach Packungsangabe schmelzen. Die Spitzen der Teigdreiecke nacheinander in die Glasur tauchen. Dattelecken auf dem Kuchengitter trocknen lassen. Vom Backpapier lösen und in einer Blechdose aufbewahren.

Mein Tipp:

Husarenkrapfen

(für etwa 30 Stück)

- 200 g Butter
- 100 g Zucker
- 2 Eigelb
- 1 Vanillestange
- 1 Prise Salz
- 300 g Mehl
- 80 g gemahlene Haselnüsse
- ½ Tasse Puderzucker
- 150 g Johannisbeerkonfitüre

1. Weiche Butter mit Zucker, Eigelben, ausgekratztem Mark der Vanillestange und Salz auf einem Backbrett verkneten. Mehl darüber sieben, Haselnüsse darüber streuen und alles zu einem Teig verkneten. Zu einer Kugel formen, in Folie wickeln und 2 Stunden kühl stellen.

2. Backofen auf 200 Grad vorheizen. Teig zu einer langen Rolle formen, in Scheiben schneiden, diese zu Kugeln rollen. In jede Kugel eine Vertiefung drücken. Auf ein mit Backpapier belegtes Blech setzen und im heißen Ofen 15–20 Minuten backen. Auf einem Kuchengitter auskühlen lassen.

3. Plätzchen mit Puderzucker besieben. Konfitüre erhitzen, glatt rühren und Krapfen damit füllen. Gut trocknen lassen (1–2 Tage), in eine Blechdose schichten.

Mein Tipp:

Mandelspekulatius

(für etwa 50 Stück)

- 250 g Butter
- 300 g Zucker
- 100 g Marzipan-Rohmasse
- 1 Ei, 2 TL gemahlener Zimt
- ½ TL gemahlener Kardamom
- je 1 Msp. gemahlene Nelken und Muskatblüte
- 1 Prise Salz
- 500 g Mehl
- 100 g Mandelblättchen
- Mehl zum Ausstreuen

1. Weiche Butter mit Zucker und Marzipan verkneten. Ei, Gewürze, Salz und gesiebtes Mehl zugeben und alles zu einem Teig verkneten. Teig in Folie wickeln und 2 Stunden kühl stellen.

2. Backofen auf 200 Grad vorheizen. Holzmodeln leicht mit Mehl ausstäuben. 2 Backbleche mit Mehl bestäuben und mit den Mandelblättchen bestreuen. Kleine Teigstücke in die Modeln drücken, überstehenden Teig mit einem Stück Draht abschneiden.

3. Teigfiguren durch kräftiges Klopfen auf die Bleche stürzen. 10 Minuten im heißen Ofen backen. Auf Kuchengittern auskühlen lassen.

Mein Tipp:

Spitzbuben

(für etwa 35 Stück)

- **400 g Mehl**
- **200 g Butter**
- **3 Eigelb**
- **100 g Zucker**
- **1 Päckchen Vanillinzucker**
- **abgeriebene Schale und Saft von 1 Zitrone**
- **50 g gemahlene Haselnüsse**
- **½ Tasse Marmelade (etwa Erdbeere, Aprikose, Johannisbeere, Himbeere)**
- **½ Tasse Puderzucker**
- **Mehl zum Ausrollen**

1. Mehl auf ein Backbrett sieben, Butter in Flöckchen zugeben. Eigelbe, Zucker, Vanillinzucker, Zitronenschale und Nüsse in die Mitte geben und alles zu einem Mürbeteig verkneten. Teig zu einer Kugel formen, in Folie wickeln und 2 Stunden kühl stellen.

2. Backofen auf 200 Grad vorheizen. Teig auf bemehlter Arbeitsfläche portionsweise dünn ausrollen. In gleicher Anzahl und Größe runde Plätzchen und Ringe ausstechen, auf mit Backpapier belegte Bleche legen.

3. Plätzchen im heißen Ofen in etwa 10 Minuten zu goldgelber Farbe backen. Auf Kuchengittern auskühlen.

4. Marmelade mit Zitronensaft verrühren, Ringe dick mit Puderzucker besieben. Runde Plätzchen mitt Marmelade bestreichen, je einen Ring darauf setzen. In einer Blechdose aufbewahren.

Mein Tipp:

Haferflockenmakronen

1. Backofen auf 200 Grad vorheizen. 100 Gramm Butter in einer Pfanne zerlassen, Haferflocken darin hellgelb rösten. Mit restlichen Zutaten verkneten.

2. Ein Backblech einfetten und bemehlen. Kleine Teighäufchen oder -kugeln mit genügend Abstand auf das Blech setzen.

3. Makronenteig im vorgeheizten Ofen auf mittlerer Schiene 10–15 Minuten backen. Auf einem Kuchengitter auskühlen lassen. In einer Blechdose aufbewahren.

Mein Tipp:

(für etwa 35 Stück)

300 g Butter
250 g feine Haferflocken
2 Eier, 180 g Zucker
2 Päckchen Vanillinzucker
150 g Mehl
3 gestrichene TL Backpulver
200 g Kokosflocken
2–3 EL Sahne
Fett und Mehl für das Backblech

Vanillekipferl

1. Mehl auf ein Backbrett sieben, Mandeln, Nüsse, Zucker, Salz, kalte Butter in Flocken und Eigelbe dazugeben und alles zu einem Mürbeteig verkneten. Teig zu einer Kugel formen, in Folie wickeln und 2 Stunden kühl stellen.

2. Den Backofen auf 190 Grad vorheizen. Teig portionsweise zu bleistiftdünnen Röllchen formen, in etwa 5 Zentimeter lange Stücke schneiden und zu Hörnchen formen. Auf ein mit Backpapier belegtes Blech setzen. Im heißen Ofen in etwa 10 Minuten zu goldgelber Farbe backen.

3. Vanillinzucker mit Puderzucker mischen, Kipferl noch warm darin vorsichtig wenden. Auf einem Kuchengitter auskühlen lassen.

Mein Tipp:

(für etwa 30 Stück)

280 g Mehl
50 g gemahlene gehäutete Mandeln
50 g gemahlene Haselnüsse
70 g Zucker
1 Prise Salz
200 g Butter
2 Eigelb
5 Päckchen Vanillinzucker
½ Tasse Puderzucker

Walnusskringel

(für etwa 35 Stück)

- **400 g Mehl**
- **230 g Butter**
- **165 g gemahlene Walnüsse**
- **150 g Zucker**
- **3 Tropfen Bittermandelöl**
- **1 Msp. Salz**
- **1 Msp. Kardamom**
- **1 EL Rum**
- **etwa 120 g Himbeer-, Orangen- oder Johannisbeerkonfitüre zum Bestreichen**
- **Mehl für die Arbeitsfläche**

1. Mehl, Butter in Stückchen, Walnüsse, Zucker, Gewürze und Rum rasch zu einem glatten Mürbeteig verkneten und zugedeckt 1 Stunde kühl stellen.

2. Backofen auf 175 Grad vorheizen. Teig portionsweise auf bemehlter Arbeitsfläche ausrollen und in gleicher Anzahl runde Plätzchen und Kringel ausstechen. Restlichen Teig immer wieder in den Kühlschrank stellen.

3. Plätzchen im vorgeheizten Ofen auf mittlerer Schiene 10–15 Minuten backen. Auf einem Kuchengitter auskühlen lassen.

4. Runde Plätzchen mit Konfitüre nach Wahl bestreichen und Kringel darauf setzen, antrocknen lassen.

Mein Tipp:

Schokomakronen

1. Schokolade fein reiben, mit den Mandeln mischen.

2. Eiweiße zu steifem Schnee schlagen, Zucker einrieseln lassen und noch etwa 10 Minuten weiter schlagen. Mandel-Schoko-Mischung unterziehen.

3. Den Backofen auf 180 Grad vorheizen. 2 Bleche kalt abspülen. Oblaten auf den Blechen verteilen und mit 2 Teelöffeln je etwas Plätzchenteig darauf setzen.

4. Makronen im heißen Ofen 15–20 Minuten backen. Sie sollen nicht zu dunkel werden. Auf einem Kuchengitter auskühlen lassen.

(für etwa 35 Stück)

100 g Zartbitter-Schokolade

250 g fein gemahlene Mandeln

4 Eiweiß

100 g Zucker

100 g Vollrohrzucker (Bioregal)

etwa 35 Backoblaten

Mein Tipp:

Zimtsterne

1. Eiweiße zu steifem Schnee schlagen. Puderzucker sieben und unterrühren. 1 Tasse Eischneemasse beiseite stellen.

2. Mandeln, Zimt und Rum unter den Eischnee mengen und Teig zugedeckt 1 Stunde kühl stellen.

3. Eine Arbeitsfläche mit Zucker bestreuen, Teig etwa 1 Zentimeter dick darauf ausrollen und Sterne daraus ausstechen. Auf 2 mit Backpapier belegte Bleche setzen, mit Eischneemasse bestreichen. Zimtsterne über Nacht trocknen lassen.

4. Am nächsten Tag den Backofen auf 220 Grad vorheizen, Zimtsterne 5 Minuten im heißen Ofen backen (Backzeit genau einhalten). Die Oberfläche soll keine Farbe annehmen. Sterne auf einem Kuchengitter auskühlen lassen.

(für etwa 35 Stück)

5 Eiweiß

450 g Puderzucker

500 g gehäutete fein gemahlene Mandeln

2 TL gemahlener Zimt

1 EL Rum

Zucker für die Arbeitsfläche

Mein Tipp:

Knusperplätzchen

(für etwa 20 Stück)

40 g Butter

180 g Zucker

30 g Mehl

3 Eiweiß

abgeriebene Schale von 1 unbehandelten Zitrone

200 g Mandelblättchen

1. Butter schmelzen, abkühlen lassen. Mit Zucker, Mehl und flüssigem Eiweiß verrühren, Zitronenschale und Mandeln untermischen. Masse abgedeckt 1–2 Stunden ruhen lassen.

2. Den Backofen auf 180 Grad vorheizen. 1–2 Backbleche mit Backpapier belegen. Von der Mandelmasse je ½ Teelöffel abnehmen und mit Abstand auf das Blech setzen. Im heißen Ofen 8–10 Minuten backen. Der Rand soll hellbraun sein. Plätzchen auf dem Blech abkühlen lassen. Mit einem Messer vorsichtig vom Backpapier lösen. In einer Blechdose aufbewahren.

Mein Tipp:

Anisplätzchen

(für etwa 30 Stück)

4 Eier

250 g Puderzucker

1 Prise Salz

3 Päckchen Vanillinzucker

300 g Mehl

1 EL gemahlener Anis

Fett und Mehl für das Blech

1. 1–2 Backbleche einfetten und mit Mehl bestäuben. Eier trennen, Eigelbe mit Puderzucker, Salz und Vanillinzucker sehr schaumig rühren. Eiweiß steif schlagen, unter die Schaummasse ziehen.

2. Mehl sieben, mit Anis mischen und unter die Schaummasse heben. Teig in einen Spritzbeutel mit Lochtülle füllen, etwa eurogroße Plätzchen auf die Bleche mit Abstand spritzen. Teig über Nacht bei Zimmertemperatur trocknen lassen.

3. Am nächsten Tag den Backofen auf 160 Grad vorheizen. Plätzchen mit Pergamentpapier bedecken und im heißen Ofen 20–25 Minuten backen, dabei die Backofentür in den ersten 20 Minuten nicht öffnen. Erst zum Schluss nachsehen. Die Plätzchen sind fertig, wenn der Boden leicht zu bräunen beginnt, die Häubchen aber fast weiß sind.

4. Plätzchen auf einem Kuchengitter auskühlen lassen. Lagenweise in eine Blechdose schichten und 2–3 Wochen kühl lagern (die Plätzchen werden etwas weicher).

Mein Tipp:

Schoko-Orangen-Plätzchen

(für etwa 25 Stück)

- **100 g Zartbitter-Schokolade**
- **125 g Butter**
- **120 g Zucker**
- **1 Prise Salz**
- **1 Ei**
- **abgeriebene Schale von 1 unbehandelten Orange**
- **200 g Mehl**
- **1 TL Backpulver**
- **100 g Puderzucker**
- **2–3 EL Orangensaft oder -likör**
- **Mehl für die Arbeitsfläche**

1. Schokolade grob raspeln. Butter mit Zucker, Salz, Ei und Orangenschale schaumig rühren. Mehl mit Backpulver mischen, darüber seien, Schokolade zugeben und alles rasch zu einem Teig verkneten. Teig zu einer Kugel formen und in Folie gewickelt 2 Stunden kühl stellen.

2. Den Backofen auf 200 Grad vorheizen. Teig auf bemehlter Arbeitsfläche etwa 5 Millimeter dick ausrollen und Plätzchen von etwa 5 Zentimeter Ø ausstechen. Plätzchen auf 1–2 mit Backpapier belegte Bleche legen.

3. Plätzchen im heißen Ofen 8–10 Minuten backen. Auf einem Kuchengitter abkühlen lassen. Puderzucker sieben, mit Orangensaft oder -likör verrühren und Plätzchen damit glasieren. Auf dem Kuchengitter trocknen lassen.

Wenn die Plätzchen getrocknet sind, Unterseite in geschmolzene Zartbitter-Kuvertüre tauchen, umdrehen und auf einem Kuchengitter trocknen lassen.

Mein Tipp:

Quittenbrot

(für etwa 50 Stück)

2 kg Quitten

abgeriebene Schale von je 1 unbehandelten Zitrone und Orange

2 TL gemahlener Zimt

2 EL Rum

je 50 g Zitronat und Orangeat

1 kg Zucker oder Honig

1. Quitten mit einem Tuch abreiben, vierteln, Siele und Blütenansätze entfernen. Quitten mit Wasser bedeckt etwa 45 Minuten bei schwacher Hitze zugedeckt garen, in einem Sieb abtropfen lassen.

2. Zitrusschalen, Zimt, Rum und gekochte Quitten in einer großen Schüssel mischen, abgedeckt über Nacht ziehen lassen.

3. Zitronat und Orangeat fein wiegen. Die Fettpfanne des Backofens mit Alufolie auslegen. Quitten durch ein Haarsieb streichen, abwiegen. Mit der gleichen Menge Zucker verrühren.

4. Quittenmus unter ständigem Rühren (mit einem Holzlöffel) kochen, bis es sich vom Topf löst. Zitronat und Orangeat unterrühren.

5. Mus etwa 1 Zentimeter hoch in die ausgelegte Fettpfanne streichen, bei 50 Grad auf mittlerer Schiene im Ofen 3–4 Stunden trocknen lassen.

6. Quittenpaste in Rauten und Würfel schneiden, in restlichem Zucker wenden und auf einem Kuchengitter auskühlen lassen.

Zusammen mit Zitronat und Orangeat 200 Gramm gehäutete Mandeln unter das Quittenmus mengen.

Mein Tipp:

Schnelle Schokodukaten

1. Butterkeks mit einem Teigroller fein zerkrümeln. Blockschokolade grob zerteilen, im Wasserbad schmelzen.

2. Weiche Butter mit Zucker und Ei sehr schaumig rühren. Geschmolzene Schokolade, Kakaopulver, Rum und Keksbrösel zugeben, alles gut vermischen und zu einer Rolle von etwa 5 Zentimetern Ø formen.

3. Rolle in Alufolie wickeln und über Nacht im Kühlschrank fest werden lassen. Am nächsten Tag Rolle in etwa 1 Zentimeter dicke Scheiben schneiden. „Schokodukaten" in dünnes Goldpapier einschlagen.

(für etwa 30 Stück)

- **300 g Butterkekse (Biskuitbrösel oder Cornflakes)**
- **80 g Blockschokolade**
- **100 g Butter**
- **200 g Zucker**
- **1 Ei**
- **50 g Kakaopulver**
- **2 cl Rum**

Mein Tipp:

Feigenkugeln

1. Marzipan mit Puderzucker und Rum gut verkneten. Feigen vierteln. Jedes Feigenstück mit Marzipanmasse umhüllen, zu Kugeln formen.

2. Marmelade leicht erwärmen, glatt rühren, Kugeln darin wenden, anschließend in Kokosraspel oder Krokant wenden. Feigenkugeln auf Pergamentpapier gut trocknen lassen, in eine Blechdose schichten.

(für etwa 20 Stück)

- **250 g Marzipan-Rohmasse**
- **75 g Puderzucker**
- **2 cl Rum**
- **8 Trockenfeigen**
- **4 EL Bitterorangen-Marmelade**
- **100 g Kokosraspel oder Krokantstreusel (Fertigprodukt)**

Mein Tipp:

Silvesterkrapfen

(für etwa 12 Stück)

- **500 g Mehl**
- **1 Würfel frische Hefe (42 g)**
- **gut ⅛ l lauwarme Milch**
- **50 g Zucker**
- **2 EL Sonnenblumenöl**
- **2 Eigelb**
- **1 Prise Salz**
- **2 cl Rum**
- **1 Tasse Aprikosenmarmelade**
- **1 kg Butterschmalz zum Frittieren**
- **Puderzucker zum Besieben**
- **Mehl für die Arbeitsfläche**

1. Mehl in eine Schüssel sieben, in die Mitte eine Mulde drücken. Hefe hineinbröckeln, mit Milch etwas Zucker und Mehl zu einem Vorteig rühren, zugedeckt an einem warmen Ort 15 Minuten gehen lassen.

2. Restlichen Zucker, Öl, Eigelb, Salz und Rum zugeben und alles zu einem Hefeteig verarbeiten. Teig kräftig abschlagen, bis er Blasen wirft. Zugedeckt 20 Minuten an einem warmen Ort gehen lassen.

3. Teig kurz durchkneten, auf bemehlter Arbeitsfläche etwa 2 Zentimeter dick ausrollen, mit einer Tasse Plätzchen ausstechen. Je einen Teelöffel Marmelade darauf setzen. Teig über der Marmelade fest zusammendrücken und Krapfen mit der Nahtseite nach unten noch 15 Minuten gehen lassen.

4. Butterschmalz in einem hohen Topf oder in der Fritteuse auf 175 Grad erhitzen. Krapfen mit der glatten Seite einlegen, zugedeckt 3 Minuten frittieren. Wenden und im offenen Topf nochmals 3 Minuten frittieren.

5. Krapfen auf Küchenpapier entfetten und dick mit Puderzucker besieben. Frisch servieren.

Mein Tipp:

Butterschmalzbrezen

(für etwa 15 Stück)

- **500 g Mehl**
- **1 Würfel frische Hefe (42 g)**
- **50 g Zucker**
- **¼ l lauwarme Milch**
- **100 g Butter**
- **1 Ei**
- **Salz**
- **abgerieben Schale von ½ unbehandelten Zitrone**
- **je 1 Msp. gemahlener Piment und Ingwer**
- **1 Tasse Zucker**
- **1 kg Butterschmalz**
- **Mehl für die Arbeitsfläche**

1. Mehl in eine Schüssel sieben, in die Mitte eine Mulde drücken. Hefe hineinbröckeln, mit wenig Zucker, der Milch und etwas Mehl zu einem Vorteig verrühren. Abgedeckt an einem warmen Ort 15 Minuten gehen lassen.

2. Butter schmelzen, mit Ei, 1 Prise Salz, Zitronenschale und Gewürzen schaumig rühren. Zum Vorteig geben und alles gründlich zu einem lockeren Hefeteig abschlagen. Abgedeckt an einem warmen Ort 15 Minuten gehen lassen.

3. Teig in etwa 50 Gramm schwere Stücke teilen, mit bemehlten Händen zu Kugeln drehen. Kugeln zu etwa 40 Zentimeter langen Strängen rollen, diese zu Brezeln formen. Brezeln auf einer bemehlten Arbeitsplatte abgedeckt 15 Minuten gehen lassen.

4. Butterschmalz in einem hohen Topf oder in der Fritteuse auf 175 Grad erhitzen. Je 2–3 Brezeln einlegen und beidseitig knusprig braun frittieren. Auf Küchenpapier entfetten und noch heiß mit Zucker bestreuen. Frisch servieren.

Mein Tipp:

Spritzkuchen

(für etwa 15 Stück)

- **60 g Butter**
- **1 Prise Salz**
- **150 g Mehl**
- **3–4 Eier**
- **150 g Puderzucker**
- **3 EL Rum**
- **1 kg Butterschmalz**
- **Öl für die Arbeitsfläche**

1. ¼ Liter Wasser mit Butter und Salz aufkochen, gesiebtes Mehl auf einmal zuschütten. Teig rühren, bis er sich vom Topfboden löst und einen Kloß bildet. In einer Schüssel etwas abkühlen lassen, Eier einzeln unterrühren. Ein Pergamentpapier, das in die Fritteuse oder einen hohen Topf passt, mit Öl bestreichen. Butterschmalz in der Fritteuse oder einem hohen Topf auf 175 Grad erhitzen.

2. Teig in einen Spritzbeutel mit großer Sterntülle füllen und auf das Pergamentpapier nicht zu große Ringe spritzen. Das Papier (mit den Ringen nach unten) in das Frittierfett legen. Sobald sich die Ringe gelöst haben, Papier aus den Fett nehmen.

3. Teigringe beidseitig goldbraun backen. Auf Küchenpapier entfetten. Puderzucker mit Rum, 1 Esslöffel Wasser verrühren und Spritzkuchen dünn damit glasieren. Frisch servieren.

Mein Tipp:

Ballbäuschen

(für etwa 25 Stück)

- **80 g Butter**
- **175 g Zucker**
- **abgeriebene Schale von ½ unbehandelten Zitrone**
- **1 Prise Salz**
- **4 Eier**
- **400 g Mehl**
- **1 TL Backpulver**
- **2 TL gemahlener Zimt**
- **1 kg Butterschmalz**

1. Weiche Butter mit 75 Gramm Zucker schaumig rühren, Zitronenschale, Salz zugeben, Eier einzeln unterrühren. Mehl mit Backpulver sieben, löffelweise unterrühren.

2. Butterschmalz in der Fritteuse oder einem hohen Topf auf 180 Grad erhitzen. Mit 2 bemehlten Teelöffeln kleine Teigbällchen abstechen und portionsweise (je etwa 8 Stück) im heißen Butterschmalz beidseitig in je 3 Minuten goldbraun frittieren.

3. Fertige Ballbäuschen auf Küchenpapier entfetten. 100 Gramm Zucker mit Zimt mischen und das noch warme Gebäck damit bestreuen. Ballbäuschen frisch servieren.

Mein Tipp:

Neujahrsbreze

1. Mehl in eine Schüssel sieben, in die Mitte eine Vertiefung drücken, Hefe hineinbröckeln. Mit etwas Zucker, Mehl und der Milch zu einem Vorteig verrühren und abgedeckt an einem warmen Ort etwa 15 Minuten gehen lassen.

2. Restlichen Zucker, geschmolzene Butter, Ei, Salz und Zitronenschale zum Vorteig geben und alles zu einem Hefeteig verarbeiten. Teig abschlagen, bis er Blasen wirft, etwa 20 Minuten an einem warmen Ort abgedeckt gehen lassen.

3. Den Backofen auf 220 Grad vorheizen. Teig nochmals kurz durchkneten, in drei Stücke teilen und diese zu drei Strängen von 60 Zentimeter Länge ausrollen (an den Enden dünn auslaufen lassen). Die Stränge zu einem Zopf verflechten, daraus eine Breze formen. Den Backofen auf 220 Grad vorheizen.

4. Breze auf ein gefettetes Blech legen, mit verquirltem Eigelb bestreichen, 15 Minuten gehen lassen. Im vorgeheizten Ofen 30 Minuten backen. Auf einem Kuchengitter auskühlen lassen.

500 g Mehl

30 g frische Hefe

60 g Zucker

¼ l lauwarme Milch

60 g Butter

1 Ei

1 Prise Salz

abgeriebene Schale von 1 unbehandelten Zitrone

1 Eigelb

Fett für das Blech

Mein Tipp:

Glücksschweinchen

(für etwa 12 Stück)

- **500 g Mehl**
- **30 g frische Hefe**
- **140 g Zucker**
- **¼ l lauwarme Milch**
- **60 g Butter**
- **1 Ei**
- **1 Prise Salz**
- **abgeriebene Schale von 1 unbehandelten Zitrone**
- **100 g Marzipan-Rohmasse**
- **150 g gemahlene geröstete Haselnüsse**
- **4 Eiweiß**
- **1 Eigelb**
- **½ Tasse Puderzucker**
- **etwas Schokoladenglasur**
- **Fett für das Blech**
- **Mehl für die Arbeitsfläche**

1. Mehl in eine Schüssel sieben, in die Mitte eine Mulde drücken, Hefe hineinbröckeln, mit 1 Teelöffel Zucker, Mehl und der Milch verrühren, zugedeckt an einem warmen Ort 15 Minuten gehen lassen.

2. 50 Gramm Zucker, zerlassene Butter, Ei, Salz, Zitronenschale zugeben und alles zu einem Hefeteig verarbeiten. Teig kräftig abschlagen, bis er Blasen wirft und sich vom Schüsselrand löst. Etwa 15 Minuten abgedeckt an einem warmen Ort gehen lassen.

3. Inzwischen Marzipan mit Haselnüssen, restlichem Zucker und 3 Eiweiß zu einer Paste vermengen. Hefeteig kurz durchkneten, auf bemehlter Arbeitsfläche etwa 4 Millimeter dick ausrollen. Aus dem Teig 20 Plätzchen mit 8 Zentimetern Ø ausstechen sowie 10 Plätzchen mit 10 Zentimeter Ø. Aus restlichem Teig 20 Öhrchen formen.

4. Füllung auf 10 der großen Plätzchen verteilen, Ränder mit Eigelb bestreichen, je ein großes rundes Plätzchen darauf setzen, Ränder fest zusammendrücken. Aus den kleinen Plätzchen Schnäuzchen formen, je 2 Nasenlöcher ausstechen. Schnäuzchen und Ohren mit Eigelb bestreichen, auf die großen Plätzchen setzen, so dass sich Schweinegesichter ergeben (Schnäuzchen etwa in die Mitte setzen, Ohren oben seitlich andrücken).

5. Schweinchen auf 1–4 gefettete Bleche setzen, mit Eigelb bestreichen und 15 Minuten gehen lassen. Inzwischen den Backofen auf 200 Grad vorheizen. Schweinchen im heißen Ofen etwa 15 Minuten backen. Auf einem Kuchengitter auskühlen lassen.

6. Puderzucker mit restlichem Eiweiß verrühren, Schokoglasur schmelzen. Mit Zuckerglasur und Kuvertüre den Schweinchen Augen malen, trocknen lassen.

Mein Tipp:

Rosmarinbrot

1. Mehl in eine Schüssel sieben, in die Mitte eine Mulde drücken. Hefe in eine Tasse bröckeln, mit Zucker und lauwarmer Milch auflösen. Hefelösung in die Mulde gießen, mit etwas Mehl verrühren, abgedeckt 10 Minuten an einem warmen Ort gehen lassen.

2. Etwa 200 Milliliter lauwarmes Wasser, 1 TL Salz und etwas Öl zugeben und alles zu einem geschmeidigen Teig verarbeiten. Teig abschlagen, bis er Blasen wirft und sich vom Schüsselrand löst. Auf einer Arbeitsplatte etwa 10 Minuten kneten. Teig zu einer Kugel formen und abgedeckt an einem warmen Ort gehen lassen, bis er sein Volumen verdoppelt hat.

3. Ofen auf 250 Grad vorheizen. Ein Blech mit Olivenöl einfetten und leicht salzen. Teig etwa 1 Zentimeter dick ausrollen. Blech mit dem Teig belegen. In regelmäßigen Abständen Vertiefungen in den Teig drücken, restliches Oliven- oder Rapsöl über den Teig träufeln und Teig mit Rosmarin und etwas Salz bestreuen.

4. Brot im vorgeheizten Ofen etwa 20 Minuten backen. Auf einem Kuchengitter auskühlen lassen und frisch servieren.

500 g Mehl (Type 1050)
1 Würfel frische Hefe (42 g)
½ TL Zucker
5 EL lauwarme Milch
Salz
100 ml Oliven- oder Rapsöl
3 TL Rosmarinnadeln

Mein Tipp:

Kräuter-Fladenbrot

- ½ Würfel frische Hefe (20 g)
- ½ TL Honig
- 300 g Mehl
- 1 TL Salz
- ⅛ l Weißwein
- 90 ml Oliven- oder Rapsöl
- 2 EL gemischte Gewürze (etwa Anis, Koriander, Kümmel, Fenchel
- 2 EL gemischte gehackte Kräuter (tiefgekühlt)
- Oliven- oder Rapsöl zum Bestreichen
- etwas getrockneter Rosmarin und Salbei zum Bestreuen

1. Hefe in eine Tasse bröckeln, Honig zugeben, Ruhezeit von 10 Minuten, verrühren. Mehl auf eine Arbeitsplatte sieben, in die Mitte eine Mulde drücken, Hefelösung hineingeben, mit Mehl vermengen. Salz, 90 Milliliter Wasser, Wein, Oliven- oder Rapsöl, Gewürze und Kräuter zugeben. Alles rasch zu einem Teig verkneten, 10 Minuten mit den Händen durchkneten. Teig zu einer Kugel formen und abgedeckt an einem warmen Ort 30 Minuten gehen lassen.

2. Teig nochmals durchkneten, zu einem Fladen ausrollen. Mit Oliven- oder Rapsöl bestreichen, mit Rosmarin und Salbei bestreuen. Fladen zugedeckt an einem warmen Ort 15 Minuten gehen lassen. Ofen auf 200 Grad vorheizen.

3. Fladen im vorgeheizten Ofen 20 Minuten backen. Auf einem Kuchengitter auskühlen lassen.

Mein Tipp:

Joghurtbrötchen

(für etwa 15 Stück)

- 250 g Sahnejoghurt
- 400 g Mehl (Type 1050)
- 4 TL Backpulver
- 1 gestr. TL Salz
- 4 EL Öl
- 50 g Zucker
- 1 Ei
- 1 EL Sahne
- Öl für das Blech

1. Joghurt mit dem Schneebesen cremig rühren. Mehl auf eine Arbeitsfläche sieben, Backpulver und Salz zugeben, in die Mitte eine Mulde drücken. Joghurt, Öl und Zucker in die Mulde geben und alles rasch zu einem geschmeidigen Teig verarbeiten. Teig etwa 10 Minuten kneten, bis er nicht mehr an den Händen haften bleibt.

2. Ofen auf 225 Grad vorheizen. Ofen auf 225 Grad vorheizen. Runde Brötchen formen, auf ein gefettetes Blech legen. Ei mit Sahne verquirlen, Brötchen damit bestreichen.

3. Brötchen im vorgeheizten Ofen 25 Minuten backen. Auf einem Kuchengitter auskühlen lassen.

Mein Tipp:

Rezepte A–Z

L

M

N

O

P

Q

R

S

T

V

W

Z